もうバズらなくてもいい

SHINSEKAI Technologies
大社武／岡崎智樹

新時代の
コミュニティ
教科書

KADOKAWA

もうバズらなくてもいい

SHINSEKAI Technologies
大社武／岡崎智樹

新時代のSNSコミュニティの教科書

KADOKAWA

はじめに

はじめまして。シンセカイテクノロジーズ代表 大社武と申します。我々シンセカイテクノロジーズという会社ではこれまで、多くの企業や自治体に向けたデジタルを活用したコミュニティの構築運営支援を行ってきました。

- **良いプロダクト、サービスを作ったのに、なかなか認知が高まらず濃いファンがついてこない…**
- **自社ユーザーと密にコミュニケーションを取りたいのにその接点を作ることができない…**
- **もっと売上を上げたい…**

そんなお悩みを抱えたクライアントの課題を解決するのが我々のミッションです。

『コミュニティ』という言葉自体は近年少しずつ認知されていることもあり、耳にされたことがある方も増えているかもしれません。しかしながら、実態はどういうものなのか、いざ立ち上げようと思ったときにどのようにすればいいのかわからないというのも現状だと思います。

そこで本書ではこれまでの実績や知見を活かし、どなたでも0からコミュニティへの理解を深め立ち上げることができるような入門書を目指し執筆いたしました。

これまで我々がコミュニティ支援をしてきた企業様からはこんなお声をいただいています。

- **ユーザーのリアルな声が追えるようになった**
- **コミュニティの成果をデータで定義できるようになった**
- **新しい売上が生まれた**　…ect

コミュニティはファンの熱量を高めたり、ユーザーの購買意欲を高めたり、企業のマーケティングに役立つ可能性や未来を十分に秘めているものです。

本書では企業のマーケティング担当の方々やSNSマーケティングに従事されている方、またコミュニティに可能性を感じていらっしゃる皆さまに向けて、「今、なぜコミュニティか？」「コミュニティをどう使うか？」といった解説をしています。日々のマーケティング活動のヒント、同僚や上長への説明、仕事としての選択などに役立ててもらえればと願っています。

大社 武

はじめまして。シンセカイテクノロジーズCSO 岡崎智樹と申します。私は、外資系コンサルティング会社で約15年ほどプログラマー、システムエンジニア、ITコンサルタントとしてどっぷりIT業界に身を置いてきました。そんな中、二人目の子供が生まれ、コロナ禍もあいまってこれからの人生を考えていた時、コミュニティが必須と言われているWeb3領域に携わることがきっかけとなり、現在では、いつのまにかコミュニティマネージャーとして様々なコミュニティの立上げや運営を担当し、企業コミュニティのアドバイザーなどにも携わるようになりました。

無限の可能性を秘めたコミュニティをビジネスに活用できないかと考え始め、代表の大社と出会い、その思考が一層深まり、様々な企業のコミュニティ支援を行っています。

シンセカイテクノロジーズでは、"コミュニティの力でビジネスを加速させる"というビジョンを掲げ、様々なシーンでコミュニティの活用を目指しています。

これまでに以下のような内容を担当してきました。

- **テレビ局、アイドルコミュニティ**
- **地方公共団体、地方創生コミュニティ**
- **ゲームメーカー、ゲームタイトルコミュニティ**

以上の例から、コミュニティはジャンルを問わず、様々な企業の成長を後押しするものであることが理解いただけると思います。

私たちは日々、“コミュニティの成功”という論点に向き合い、コミュニティを科学し、そのノウハウを深めることで、企業サービスの発展やプロダクトのファン化に強く寄与すると信じています。この本で執筆させていただいたことが、少しでも皆様のヒントになることを願っています。

岡崎智樹

Contents

Chapter 3

コミュニティの理解を深めよう

コミュニティの定義

Chapter 4

良いコミュニティ、悪いコミュニティって？

コミュニティのスタイル

Chapter 5

実際にコミュニティを組み立てよう

コミュニティの運営に必要な人材

Chapter 6

運営時の心得

成果を出すための コミュニティマネジメント

Chapter 7

はじめるなら今！

コミュニティがもたらす未来

この本は
「こんな人のため」に
作りました

- ✓ 社内のマーケティング担当になったが何をすればいいかわからない
- ✓ 自社プロダクトを顧客にもっと愛してほしい
- ✓ 売上がなかなか伸びずに困っている
- ✓ サービスや製品の認知やファン度を高めたい

…etc

Point

Introduction

ここでは、自社サービスが抱える課題を整理し、コミュニティを通してどんな風に解決させていきたいか、ターゲットなどの前提条件を整理します。

Chapter1

これまでのWebマーケティング、今後のWebマーケティングについてを解説。マーケティングの流れ、トレンドを知ることでコミュニティへの知見をより深めることができます。難しい用語があってもP.199に用語集もあるので、知らないワードはそちらからチェックして読み進めてください。

Chapter2

エンゲージメントを高めるには、熱量の高いファンの醸成が重要課題となっています。Chapter2からは、コミュニティが自社サービスやプロダクトを盛り上げるためになぜ必要なのか？　をメインに解説します。

Chapter3～6

より実践的に、どのようにすれば事業に役立つコミュニティを立ち上げることができるのか、その設計方法や効果的な運用方法について使いやすいツールや、具体的な活用例を交えて説明します。

Chapter7

最終章では、コミュニティのこれからや予想される変化について、最新の事例を交えてご紹介します。

SNSコミュニティ立ち上げ前の確認ポイント

コミュニティ立ち上げ前に考えたいこと

本書ではオンライン上のSNSコミュニティを立ち上げ、運用できるようになるための様々な事例や方法、ツールを紹介していきますが、その前に自身が担当する事業やサービス、プロダクトの立ち位置を把握することが大切です。ご自身が担当する事業内容に合わせどんな課題を抱えているのか、どのようなターゲット設定にすればいいのかなど、以下のようなイメージで、コミュニティ立ち上げの前にポイントを整理してみましょう。例を参考に、ご自身の担当内容に置き換えて考えてみて下さい。

Q1 あなたのサービス・事業、プロダクトは？

A (例) 敏感肌用基礎化粧品

Q2 ターゲットはどんな人？

A (例) 肌荒れに悩む方、敏感肌の方

Q3 今抱えている課題は？
それをコミュニティでどう解決させたい？

A (例) 製品の使い方や便利さをもっと深くお伝えしたいが、お客様と触れ合う場がなかなかない、もっと製品の魅力を深く伝えたい

以下の質問をもとに、コミュニティターゲットやコミュニティのコンセプト、名称を決めていきましょう。

Q4 あなたのコミュニティに参加すると、どんな友達、仲間ができますか？

A (例) 美容に対する意識が高く、そうした情報を共有しあえる友達

Q5 コミュニティメンバーに体験してほしいものは何ですか？

A (例) コミュニティでできた仲間と美容知識や製品の使い方をシェアすることで、日々のスキンケアが楽しく、前向きな気持ちになる休験をしてほしい

Q6 あなたのコミュニティをリアルな場や空間で例えると何？

A (例) 同じような悩みを持つ人が気軽に相談しあえる場所

Q4～Q6を楽しんでくれそうな人はどんな人でしょうか？
その参加動機は？　コミュニティ名やコンセプトは？

ターゲットやコンセプトが決まったら…

- **どんなコンテンツをコミュニティで提供していくか？**
- **参加者にコミュニティに参加する上でのメリットやどんな生きがいを提供できるか？**

など、より深い設計を考えていきます。

Q7 コミュニティを通して何を伝えたい？

A (例) 製品の良さ、魅力、肌荒れが改善することによるポジティブな気持ちの変化

Q8 コミュニティでどんな内容を発信する？

A (例) 新製品情報、製品の使い方、製品開発のストーリー、お客様同士のユーザーならではの使い方のシェア、美容情報…

これらの土台が整ったうえで、Chapter2以降で実践的なコミュニティの立ち上げ方や運営方法、ツールなどをご紹介していきます。

【 コミュニティ設計の全体像のイメージ 】

コミュニティ名

コンセプト

ターゲット

年齢

性別

家族構成

特徴

参加動機

エリアや発信内容については Chapter3 で詳しく説明していきます

どんな内容を発信していく？

インフォメーションエリア

参加直後、一番最初に訪れる場所

チャンネル名	施策

アクティブエリア

コミュニティ内でユーザーがアクティブに発言、自発的な行動を促すための場所

ロイヤリティエリア

コミュニティ内でロイヤルユーザーを醸成するための場所

コミュニティ立ち上げのために必要な基本的な前提条件が固まったら、次にSNSコミュニティ内での発信内容などを具体的に掘り下げていきます。発信内容も、やみくもに決定すれば良いわけではなく、シチュエーション別に考える必要があります。

コンテンツの組み立て方や具体的な運用方法はChapter3以降で詳しくお届けしますが、そのような内容を考えるうえで図を参考にしてみてください。

これからの時代に必要なWebマーケティングとは

インターネットが爆発的に普及した現在の社会では、商品やサービスを購入してもらうためにWebマーケティングが必要不可欠です。本章では、コミュニティ作りの解説の前にWebマーケティングの変遷と、これからの時代にどのようなWebマーケティングが必要になるのかを見ていきましょう。

Section 1

Webマーケティングの変遷

コミュニティを立ち上げる前に、Webマーケティング全体の変化やトレンドを押さえておく必要があります。ここではまず、これからの時代に必要なWebマーケティングを解説する前に、Webマーケティングがどのような変遷を辿ってきたのかを紹介していきましょう。これまでの流れを理解しておくことで、この先のWebマーケティング全体の理解がしやすくなります。そのベースがあることで、これから解説していくSNSコミュニティ全体の理解にもつながります。すでにここでの内容は把握しているという方は、コミュニティの実践的な内容を紹介しているChapter2から読んでいただいても問題ありません。

マスメディアを用いたマーケティングモデル

インターネットが台頭する以前は、主にテレビや新聞、チラシといったマスメディアを用いたマーケティングが主流でした。そのため一般的には、**AIDMA（Attention・Interest・Desire・Memory・Action）**というマーケティングモデルが用いられていました。AIDMAモデルは、消費者が商品やサービスを購入するまでを、「認知」「関心」「欲求」「記憶」「行動」という工程で表したモデルです。いかに、消費者の関心を引いて行動（購買活動）をしてもらえるのかというプロセスが重視されていました。

AIDMAモデル

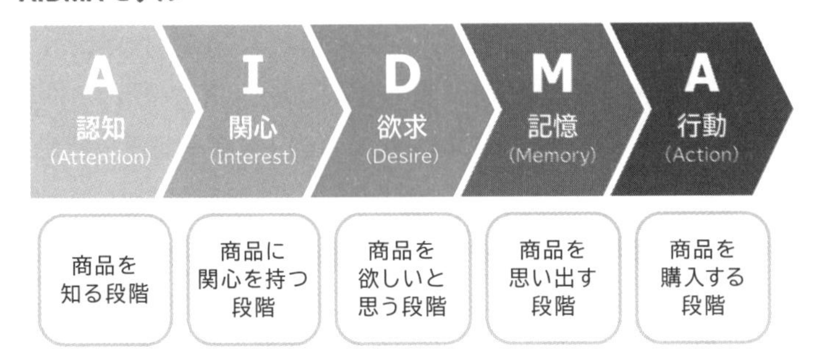

2000年代は想起の時代

2000年代には一般消費者もインターネットに触れるようになり、インターネット上で企業の情報発信が行われるようになりました。当時はパソコンのスペックも今より劣っていたため、一般消費者がインターネット上に滞在できる時間に制限がありました。そのため、Webサイトやバナー広告、メールマーケティングなど、企業からの一方通行の情報発信による認知拡大にWebマーケティングは使われていました。

2000年代後半になると、NTTドコモのiモードなどを中心としたモバイル経由でのインターネット接続機会が激増し、より効果的なWebマーケティング手法が生まれてきました。

位置情報を利用した広告表示、検索広告やアフィリエイト記事などによる、情報のパーソナライズ化ができるようになったのです。

インターネットが主流になってからは、**AISAS（Attention・Interest・Search・Action・Share）**というマーケティングモデルが登場しました。AIDMAモデルの「**欲求→記憶→行動**」が「**検索→行動→共有**」という工程になったものです。消費者が情報を検索するという行動、購入後に誰かと共有してクチコミが生まれる、ここで作られたクチコミがさらなる顧客の検索結果に表示されていく、という循環を重要視しているモデルです。“いかに口コミを発生させられるか”というのもWebマーケティング上、大事なポイントとなってくるようになりました。

AISASモデル

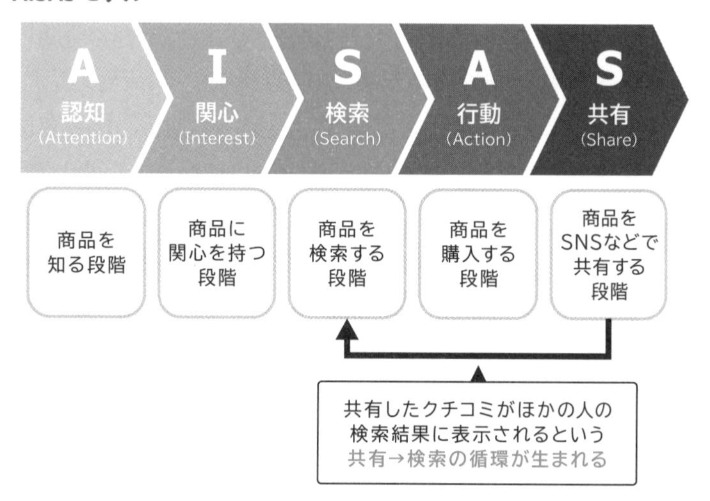

2010年代はリーチ数の時代

2010年代になるとスマートフォン／4G回線が登場してきます。モバイル時代よりも高速かつ快適にインターネットが使えるようになり、企業からの一方通行のコミュニケーションだけではなく、読者のみなさんも使っているであろう、X（旧Twitter）、Instagram、Facebookといった、一般消費者同士の双方向性のあるコミュニケーションサービスが生まれてきました。企業にとっても消費者との直接的なコミュニケーションが可能になり、個人が影響力を持つ世界に変わっていきます。そこで新しく生まれたマーケティングモデルが**SIPS（Sympathize・Identify・Participation・Share/Spread）**であり、「**共感**」「**確認**」「**参加**」「**共有・拡散**」という工程を表します。

SNSのタイムラインに流れてくる偶発的な情報に共感し、情報を自ら確認、参加（購入）し、その体験をSNSに投稿したり拡散に協力したりするユーザーが現れるようになりました。個人の趣味・嗜好が多様化する中で企業は、フォロワー数を多く抱える**インフルエンサー**にプロモーションを依頼して、リーチ数（SNSの投稿や広告の閲覧数）を伸ばすことに注力し始めました。

SIPSモデル

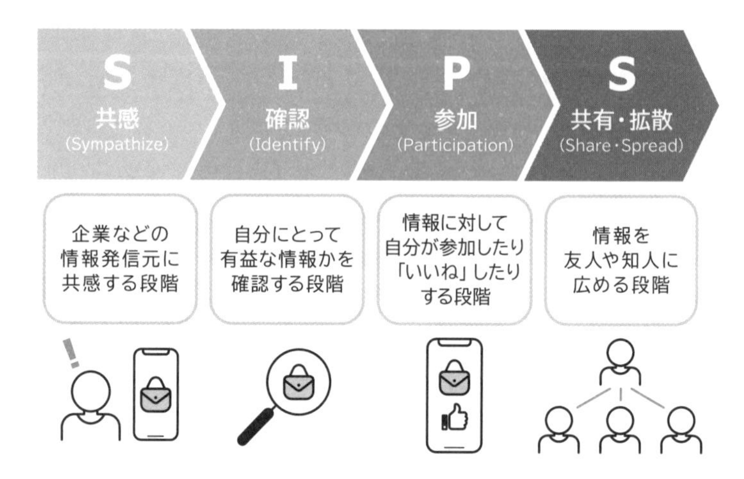

Webマーケティングも時代によって変化してきたことがおわかりいただけると思います。つまり、その時々のトレンドに応じてマーケティング施策もアップデートが必要になり、その変化を見逃さないようにすることが大切になってきます。

Section 2

コロナ禍前後における Webマーケティングの変化

2000年代は「想起の時代」、2010年代は「リーチ数の時代」でした。

コロナ禍の2020年代は「エンゲージメントの時代」に変化してきました。

コロナ禍前後の生活様式の変化

2020年から、私たちの生活は大きく変化しました。コロナ禍の制限がある暮らしを経て、より自分らしい意味を持った消費（イミ消費）をオンライン上で行うようになり、アフターコロナにおいても個人の意向に沿った消費を望んでいる傾向があります。

コロナ禍以前よりWebマーケティング業界に身を置いて業界の動向を見てきた筆者としては、ウィズコロナ・アフターコロナで大きく3つの生活様式の変化が起こったと捉えています。

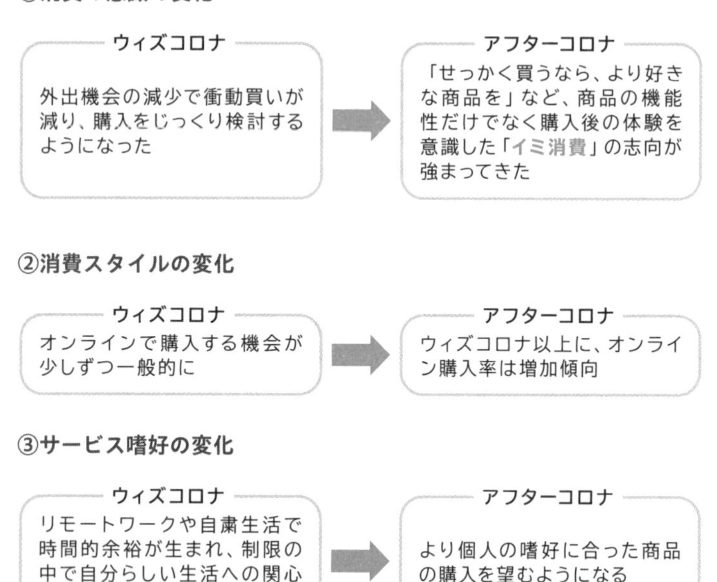

コロナ禍前後のWebマーケティングの変化

コロナ禍における変化は生活様式だけでなく、Webマーケティングでも劇的に変化しています。大きな変化としては3つの変化が挙げられます。

①消費者の多様化

先述の通り、コロナ禍による生活様式の変化、スマートフォンの普及という背景において、消費者は自分で積極的に情報収集と発信を行うため、企業にはパーソナライズされたブランドコミュニケーションが求められるようになりました。

②メディアの多様化

SNSをはじめ、多様なメディアが台頭し、購買体験や共有体験が複雑化しています。また、**SNS上のアルゴリズムはエンゲージメント優位へシフト**し、コンテンツ属性が重要になってきました。なお、**エンゲージメント**は、SNSの投稿に対する反応の熱量を指します。**「いいね」「コメント」「拡散」など投稿に対してのユーザーの行動が多いほど、エンゲージメントが高い**と表現されます。

エンゲージメントとは反応の熱量のこと

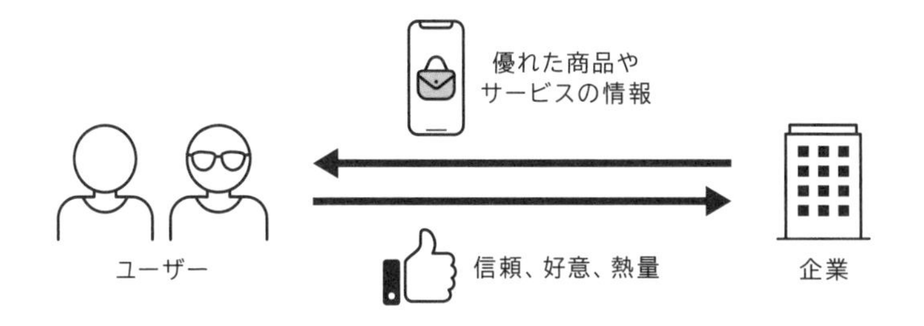

企業にとってはエンゲージメントの高いファンを囲い込むことやクチコミをはじめとした**UGC（User Generated Contents）**を醸成していくことが求められています。なお、UGCとは、一般ユーザーが自身で作成し、SNSなどに投稿をするコンテンツのことです。感想やレポートなどの文章、写真、動画などコンテンツ全般を指します。

③ プライバシー法の規制

世界各国でプライバシー保護が進み、2018年よりCookie規制が始まりました。このことから、リターゲティング広告などはCookieに保存されているデータをもとにしたメディア横断型のマーケティング広告が困難になります。企業は自社で直接顧客を囲い込み、データを収集することが必要になってきています。

■ バズらせればOKという時代ではなくなってきている

2010年代では、リーチ数を伸ばすことがWebマーケティングの重要指標とされていました。近年言われるようになった「TikTok売れ」においても、SNSマーケターは、「バズ」をいかに生み出して多くの人の目に触れるかを考えています。リーチ数を多く抱えるインフルエンサーを中心とした**KOL（Key Opinion Leader＝商品販売において影響力を持つ人）**がコンテンツを生み出し、それが次第に広がって一般消費者がUGCを生み出すことで、**1つの「バズ」という現象が生まれます。**もちろん一般消費者のUGCから「バズ」が生まれた事例もありますが、再現性が求められるビジネスにおいては、インフルエンサーがキーになります。

インフルエンサーによって「バズ」が生まれる

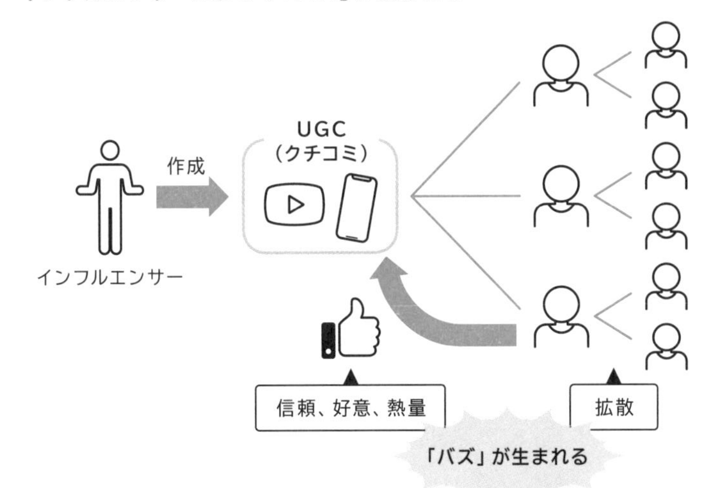

この手法は、P.21以降でも紹介したマーケティングモデルの「認知」への影響度合いは高いのですが、我々が直面している、生活様式や先述したマーケティング環境の変化を鑑みると、**インフルエンサーを中心とした「バズ」を生み出す手法だけでなく、企業にはもう一段、別の手法を用いることが求められてきているように思いませんか？** そこで必要になってくるのが**コミュニティの活用**です。

Section 3

バズるのはゴールではない、今必要なのはKOC

これからのマーケティングには、消費者に歓迎される強烈な顧客体験起因のエンゲージメントが重要になってきます。インフルエンサーを中心とした「バズ」を生み出す手法だけではなく、企業にはもう一段別のマーケティング手法が求められているのです。

5:25の法則

「**5:25の法則**」をご存じでしょうか？　顧客離れを5%改善すれば、利益率が最低でも25%改善されるという法則のことです。

もちろん、新規顧客の獲得も重要なことに変わりありませんが、利益を追求する企業にとっては、一度できた顧客を手放さないことにリソースを使っていくことも、非常に重要だと言えます。

5:25の法則

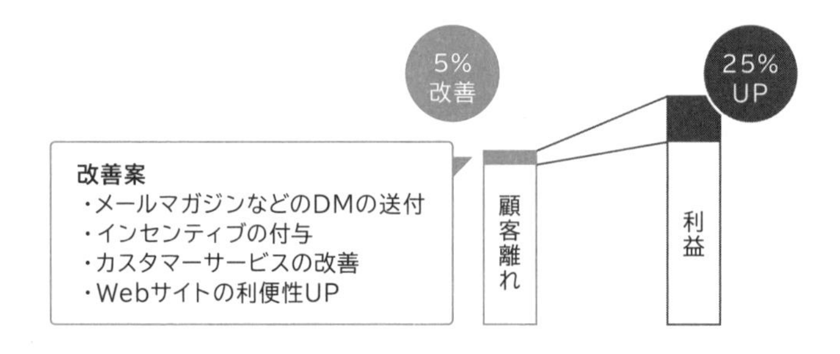

既存顧客の離反を防ぐ鍵はKOCにある

既存顧客の離反を防ぐことは「**自社の商品／サービスが顧客に選ばれ続けること**」だと言い換えられます。特に現代日本において、この商品がないとだめだ！　ということはほとんどないでしょう。生活に必要なものは24時間営業しているコンビニで手にとることができ、かつ、インフラも整備されているので、次から次へと商品が市場に溢れている状況です。そのため、これまでのリーチ主義には限界がきはじめています。

「選ばれ続ける」ためには、商品が消費者の生活に溶け込み、習慣化されることが必要です。これは、**ロイヤル顧客を醸成**するというマーケティング用語にも置き換えることができるでしょう。彼らは自社の商品を何度もリピートしてくれたり、友達に自然とおすすめをしてくれたり、SNSで商品やサービスへの愛を語ってくれたりします。エンゲージメント重視のこれからの時代において彼らは、いち消費者からいちマーケターにもなりうる。そんな存在を従来のKOLではなく、**KOC（Key Opinion Customer＝消費者目線でレビューし、購買意欲を促す人）**と呼んでいます。

KOCは、商品のレビューを行うといった情報の拡散を行う、影響力のある消費者です。つまり、商品の魅力の代弁者と言えます。KOCはKOLと似ていますが、インフルエンサーを指すKOLに比べ、KOCはより身近な消費者に近い存在です。

KOCは商品の魅力の代弁者

インフルエンサーを中心とした「バズ」を生み出す手法は今後も必要ではありますが、それだけがWebマーケティングの本質ではなくなってきています。

一度接点を持った顧客が熱を高くキープしてくれること、言い方を変えると「バグ」る消費者を囲い込むこと、つまり**KOCをいかに醸成するかという変化が企業には求められ始めているのです。**それらを創出できるのがこれからご紹介していくコミュニティのメリットです。

企業に求められる変化～KOCの醸成

強いこだわりを持つ多様化した顧客を、ロイヤル顧客へと導き、
ブランド価値を共創していくコミュニケーションが重要になっている。

ロイヤル顧客は、ブランドの商品を購入し続け
ブランドの魅力を発信し続ける。
消費者でありマーケター
=KOC（Key Opinion Customer）

KOCの醸成が企業の重要課題！

KOCは本書においてとても重要なキーワードなので、忘れずに押さえておきましょう。

この章のまとめ

- □ Webマーケティングでは、よりユーザーが主体的にマーケティング活動に参加していくようになった
- □ KOC（Key Opinion Customer）は、商品のレビューを行うといった情報の拡散を行う、影響力のある消費者
- □ これからのWebマーケティングでは、インフルエンサーを中心とした「バズ」を生み出す手法だけではなく、KOCの醸成が必要。そのために活用できるのがコミュニティ
- □ KOCの醸成によって、商品やサービスが選ばれ続けるようにすることが可能になる

熱量の高いファンを作るコミュニティの重要性

エンゲージメントを高めるには、それを盛り上げてくれるメンバーの醸成が重要課題となっています。本章では、KOCの醸成を行う手法である、「コミュニティ」の重要性について解説していきましょう。

Section 1

マーケティングに活用できるコミュニティ

Chapter1では「バズる」から「バグる」Webマーケティングが必要であり、そのためにはKOCをいかに醸成するかを考えていくことが大事だと伝えてきました。ここからは、KOCを醸成するために大きく役立つ「コミュニティ」について説明します。

KOCの醸成は「コミュニティ」で行う

KOC（Key Opinion Customer）は、商品やブランドの一番の応援者であり、商品の魅力の代弁者です。シンセカイテクノロジーズでは、**KOCを醸成し続ける鍵は「コミュニティ」にある**と考えています。

コミュニティは、広辞苑第六版によると「一定の地域に居住し、共属感情を持つ人々の集団」「地域社会」「共同体」と定義されています。学校や部活、会社など、すでに読者のみなさんもどこかのコミュニティに所属して生活をしていると思いますが、最近ではSNSやオンラインサロン、ゲームギルドといった、インターネット上でのコミュニティが形成され始めています。

本書で扱うコミュニティとは、**企業や商品、サービスを軸に集まった顧客同士をつなげる、オンライン（SNS）コミュニティ**のことを指します。

なぜKOCを醸成し続ける鍵が「コミュニティ」にあるのかというと、商品やブランドを心から愛し、選び続けるKOCにとっては、オープンなSNSでは発言しづらい傾向があるためです。たとえば、思わぬところから心無い言葉が飛んできたり、あらゆる思想に配慮した発言が求められたりすることがあります。コミュニティという、価値観が近くて心理的安全性の高いファン同士の中でこそ、**KOCは真の愛情を、クチコミや写真といったUGCという形で発信しやすくなる**のです。

コミュニティならKOCを醸成しやすい

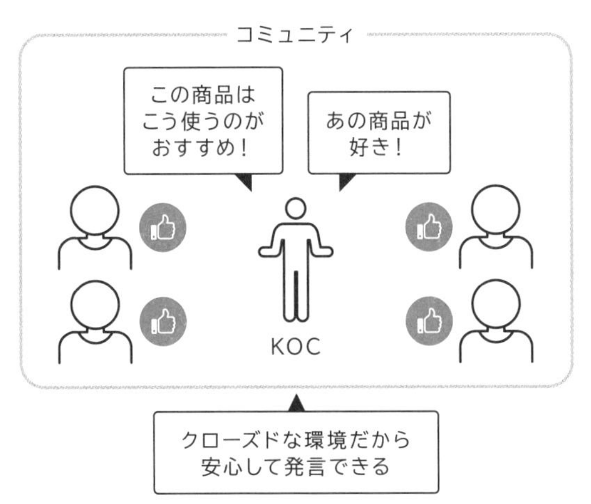

SNSは情報を広める手段として便利なツールで、新製品の発表やイベントの告知、ニュースなどに使われます。**一方、コミュニティは、より深いコミュニケーションを実現します。**認知に役立つSNSとエンゲージを高めるコミュニティ、役割の違うこれらをうまく組み合わせることで、より効果的なコミュニケーションが生まれます。

SNSとコミュニティの組み合わせ

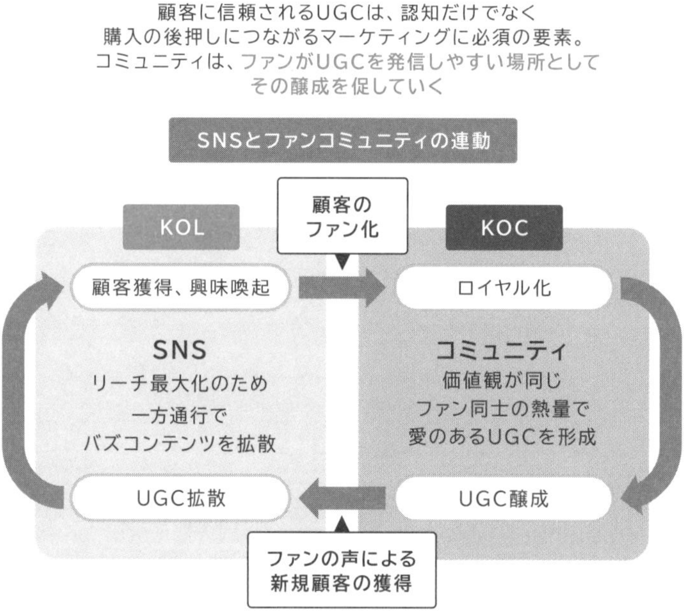

顧客に信頼されるUGCは、認知だけでなく
購入の後押しにつながるマーケティングに必須の要素。
コミュニティは、ファンがUGCを発信しやすい場所として
その醸成を促していく
SNSとファンコミュニティの連動
顧客の
ファン化
KOL
KOC
顧客獲得、興味喚起
ロイヤル化
SNS
リーチ最大化のため
一方通行で
バズコンテンツを拡散
コミュニティ
価値観が同じ
ファン同士の熱量で
愛のあるUGCを形成
UGC拡散
UGC醸成
ファンの声による
新規顧客の獲得

コミュニティをクリアに定義するモデル

地域や学校といったリアルなコミュニティの場合、一人一人の顔が浮かんできて、それぞれの役割もなんとなくイメージがつきますよね。「よく会うコミュニティのKOCは誰ですか？」と聞かれれば、飲み会でいつも幹事をやってくれる人、新しい友達を連れてきてくれる人など思いつく顔があるのではないでしょうか。

しかし、これがインターネット上のコミュニティ、さらにはマーケティングと接続するとなるとどうでしょうか。常に成果が求められるマーケティング活動において、コミュニティというぼんやりしたものは成果を測りづらい課題がありました。ここをクリアに言語化・定量化・モデル化し、ハックできるようにしたのがシンセカイテクノロジーズの「**コミュニティグロースモデル**」です。このモデルは、コミュニティの体験ステップとマーケティングのステップを掛け合わせることで定量化を可能にします。また、本書後半で詳しく解説するDiscord（ディスコード）というコミュニケーションツールのロールやポイントといった機能を用いることで、コミュニティ内を可視化することができます。

なお、コミュニティグロースモデルについて、具体的にはChapter3で紹介します。

Section 2

コミュニティの活用例や成功事例

コミュニティを活用するとどうなるのか、イメージが湧きやすくなるように、最近増えている**SaaS**（Software as a Service：企業やサービス提供者向けのソフトウェア商材）事業者における、コミュニティの活用例について見ていきましょう。

SaaS事業者がコミュニティを取り入れ始めた背景

元々コミュニティは、消費者向けに取り入れられるケースが多かったですが、近年ではtoCサービスだけでなく、SaaSを提供する企業を中心に、コミュニティがビジネスに応用され始めています。ここ10年の間で国内でもSaaSサービスを導入する企業は増えてきましたが、それに比例するように新たなSaaSサービスも増えてきています。

SaaS事業者がコミュニティというソリューションを取り入れた背景としては、以下の2点が考えられます。

- **類似SaaSサービスで溢れ、自社製品が埋もれてしまう**
- **顧客がうまくサービスを活用しきれず、自社の価値を届けることが困難になる**

他社との価格競争に追い込まれたり、カスタマーサポート対応の工数が追いつかなくなったりすることで、利益率の低下やユーザーの解約率の増加が課題として挙がっているのです。

これまでは、SaaSビジネスをドライブするには2つの手法があるとされていました。

手法1：SLG（Sales Led Growth）

セールスとマーケティングにリソースを使う手法です。営業担当が製品を販売するビジネスモデルを指します。

SLGは短期間で売上拡大が期待できる一方で、営業にかけるコストが高く、質の高い営業人材を採用・確保する難易度が高い手法とされています。

手法2：PLG（Product Led Growth）

プロダクトの品質を重視し、プロダクト内で追加機能の購入や別商材の購入をかけていくことで事業成長をしていく手法です。プロダクト重視の考え方で、オンラインホワイトボードの「Miro」やビジネスツールキットの「Canva」などのSaaSに代表されます。PLGは営業コストを抑えながら成長できる一方で、プロダクトの価値を正しく伝えるための設計やマーケティングが重要かつ難易度が高い手法とされています。

近年、SaaS事業者の間では、SLGとPLGのいいとこどりをしながら事業成長戦略を考えているケースが多くあります。しかし、多方面にリソースが分散されることは、よほどの資金力がない限り成長鈍化につながりやすいのも事実です。そこで、SaaS事業者で、**コミュニティの力をうまく活用することで事業成長に貢献するCLG（Community Led Growth）**という概念が取り入られ始めました。

ビジネス成長の3つのタイプ

①

SLG
（Sales Led Growth：セールス主導型成長）

メリット
・立ち上げ速度が速い
・初期投資を必要としない

デメリット
・セールス体制を増やし続ける必要
・成長停滞期のコストが大きい

②

PLG
（Product Led Growth：プロダクト主導型成長）

メリット
・製品の品質に集中できる
・セールスパーソンコストを削減可能

デメリット
・製品のバイラル難易度が高い
・製品の品質が戦略上の肝

＼ NEW ／

③

CLG
（Community Led Growth：コミュニティ主導型成長）

メリット
・共有リソースの活用で運営コスト削減
・熱狂ユーザーによる獲得コストの削減

デメリット
・立ち上げコストがかかる
・成功難易度が高い

コミュニティが事業成長に貢献した事例

コミュニティが事業成長に貢献したと言える事例の1つにSalesforce社の例があります。彼らは「Trailblazers」という300万人超え（2023年時点）のコミュニティを運営しており、これは、Salesforce社成長の4つの柱のうちの1つと位置付けられています。

以下のグラフから、コミュニティメンバーと非コミュニティメンバーでは重要成果指標に対する数値が明らかに異なることがわかります。

たとえば平均注文金額（AOV）は、非コミュニティメンバーに比べて、コミュニティメンバーは約2倍になっています。

コミュニティが収益などに与える効果

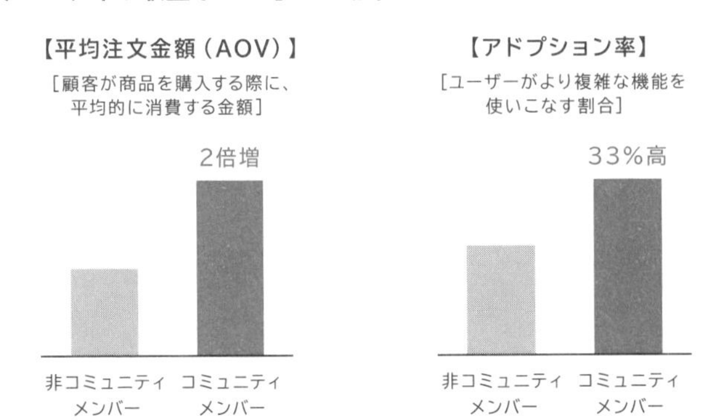

出典：Community Inc. (https://community.inc/deep-dives/community-growth-salesforce)

解約率も、非コミュニティメンバーに比べて、コミュニティメンバーが約1/3にまで抑えられていることがわかります。また、コミュニティ内での質問や相談にメンバー自身が回答してくれることで、月約200ドル分のカスタマーサポートコストが圧縮できていることもわかります。

コミュニティがコストや満足度などに与える効果

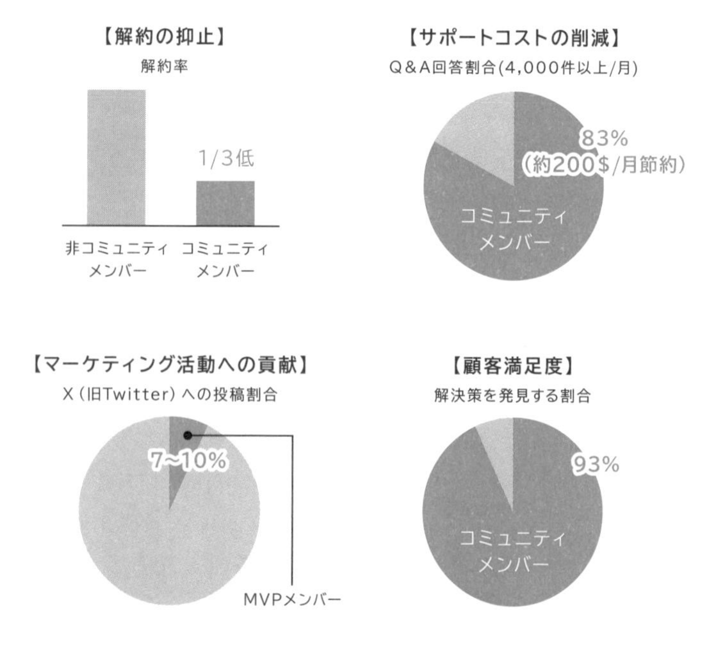

出典：Community Inc. (https://community.inc/deep-dives/community-growth-salesforce)

ほかのSaaSでは、ドキュメント・データベースサービスの「Notion」、語学学習アプリの「Duolingo」もCLGによって事業成長が促進されてきた事例と言えるでしょう。

Notionでは、Notionを上手に使いこなせる人たちが集まったコミュニティを形成して、よい事例の横展開が自発的に行われています。ほかにも、コミュニティ内で上がったユーザーの生の声が実際にプロダクトに反映された例などもあります。

語学学習アプリのDuolingoでは、ユーザー同士が言語学習をサポートし合えるディスカッション・フォーラムを提供しており、学習の継続にコミュニティの力が使われています。また、Notionと同様にプロダクトの改良提案・質問・意見などを効率よく集めることができ、ユーザーとの強固な信頼関係を築くことができています。

ユーザーを多く抱えるサービスではコミュニティを上手にとり入れることがユーザーの満足度を高めたり継続率を高めたりするのに有効的です。

これらの事例から、コミュニティは事業成長に貢献可能なことがイメージしやすくなったのではないでしょうか？

Section 3

コミュニティ運営における ツールの活用方法

コミュニティのメリットがわかったところで、ここからは、コミュニティ運営におけるツールの活用方法について紹介していきましょう。

■ コミュニティ運営でよく使われるツール

インターネット上でのコミュニティと一口に言っても、大きく2種類あります。1つ目は、SNSを使った誰でも参加や閲覧が可能なオープンなもの。2つ目は、特定の人のみが集まるクローズドなコミュニティです。コミュニティの力を使ってロイヤル顧客を醸成するためには、**クローズドなコミュニティ運営が適していることが多い**です。

デジタル空間上でのクローズドなコミュニティ運営を行う際によく使われるツールを紹介しましょう。**国内だとDiscord、Slack、LINEオープンチャット、Facebookなどがよく用いられます。**それぞれコミュニティマネジメントをするうえでどんな特性があるツールなのかを紹介します。

- **Discord（ディスコード）**
  多機能でカスタマイズ性が高く、チャンネル分類、ロール管理（機能の権限をまとめたセットを作成する機能）・ボットによる分析・自動化が可能。**インサイトのチェックなどもできる。**

- **LINEオープンチャット**
  手軽なのでユーザーは多いが、機能面では他のツールに比べてやや限定的。チャンネル分類やロール管理の機能はない。

- **Facebookコミュニティ**
  ボットや自動化機能は限定的だが、プライバシー設定が充実している。基本的に匿名での参加はできない。

- **Slack（スラック）**
  ビジネスコミュニケーションに特化している。メッセージ管理、ユーザー管理などのカスタマイズ性が高い。

コミュニティの目的やサイズなどに合わせてツールを選択、または併用していくことで、コミュニティマネジメントがしやすくなります。

4つのツールの機能差異

機能／ツール	Discord	LINEオープンチャット	Facebookコミュニティ	Slack
チャンネル分類機能	◎	×	○	◎
ロール管理	◎	×	△	△
ボットによる分析	◎	△	×	◎
自動化機能	◎	△	×	◎
メッセージの管理	◎	○	○	◎
ファイル共有	◎	○	○	◎
通知設定	◎	○	○	◎
ユーザー管理	◎	○	○	◎
プライバシー設定	◎	○	◎	◎
カスタマイズ性	◎	△	△	△

中でもおすすめのツールはDiscord

我々シンセカイテクノロジーズが構築・運用支援をするコミュニティにおいては**Discordを推奨**しています。聞き慣れないツール名だと感じる人もいるかと思いますが、実は国内SNSランキングでは5位、月間アクティブユーザーは全世界で1.5億人もいる巨大コミュニケーションツールです。もともとはゲーマーやゲーム配信者たちの間で親しまれていたツールですが、今では学生や若者世代を中心に、国内・海外問わず広く使われています。

Discordでは、それぞれのテーマに合わせたやりとりができる**チャンネル**や、テーマを深堀りし会話ができる、チャンネル内に作成する**スレッド**などを用いて、コミュニケーションをとることができます。

Discordのチャンネルとスレッド画面

たとえば、ゲームリリースから約2年で5,000億円の総売上をたたき出した「原神」。日本でも社会現象になっている中国のソーシャルゲームですが、2024年5月時点でDiscordサーバーの参加人数は170万人を超えています。ゲームリリース当初から運営側がDiscordでゲームの魅力を伝えたり、バグ報告をはじめとしたフィードバックをユーザーからもらったりすることで、運営側とユーザーの間に信頼関係が築かれてきました。原神の成長の裏には**ファンダム**（根強いファン集団）の形成があったのです。

今では運営会社が原神専用コミュニティを自社で開発・運営をしていますが、これはDiscordで形成されたファンコミュニティをもっと強固にすることが事業にとって重要だと判断されたからでしょう。

最近ではゲームだけでなく、アイドルやメーカーなどさまざまな業種・業態が、**Discordを使った自社コミュニティを作り運営し始めています。**

■ Discordを使うメリット

Discordが他のチャット・コミュニケーションツールと一線を画している点は、**カスタマイズ性の高さとインサイトのチェックがしやすいという点**です。だからこそコミュニティマネジメントに適しており、コミュニティという抽象度の高い領域においても成果を出しやすくなっています。

詳細はChapter3でお伝えしますが、筆者は、コミュニティマネジメントツールにおいて重要なのは、次の2点だと考えています。

- **ロール（役割）分けによって顧客体験のカスタマイズができること。ロールとは、コミュニティ内における役割であり、ロールを付与された人はDiscord内で一定の権限を有することができる**
- **マーケティング成果と紐付けられる指標の計測ができること（インサイト機能）**

Discordのロール画面

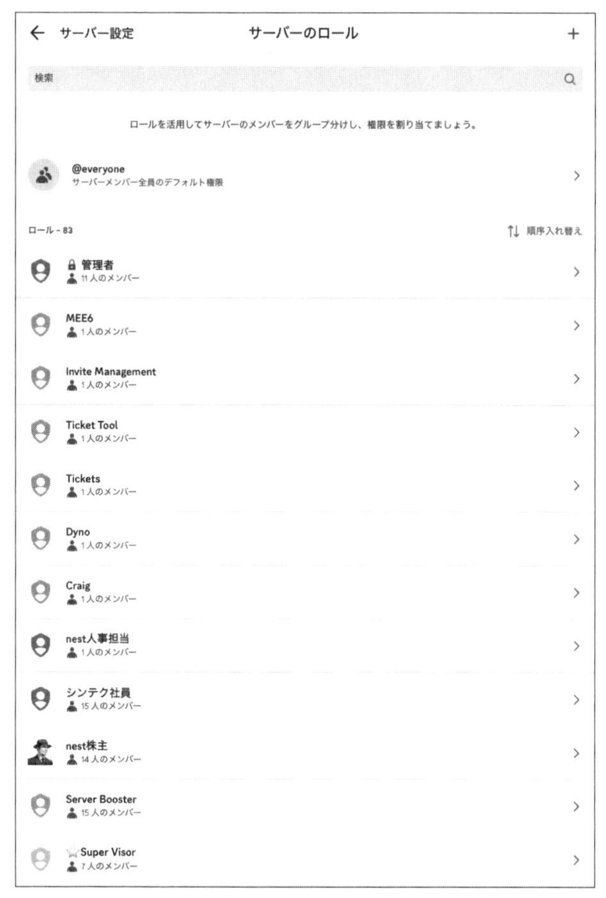

※ロールを付与することで各ユーザーの属性などが把握しやすい

Discordには多数のサードパーティツール（機能拡張サービス）が存在していてカスタマイズ性が高く、ロールや指標計測機能のほとんどを無償で使うことができます。

そうしたDiscordならではの機能を活用するとたとえば、次のような使い方をすることが可能です。

- **新しく入ってきたメンバーがコミュニティに入ってきた時に何をしたらいいかがわかるような導線を作ることができる**
- **一定以上活躍をしているコアファンに対して特別なチャット部屋を作ることができる**
- **コミュニティに貢献してくれた人に特別なロール(役割)を与えることができる**
- **コミュニティメンバーが自由に音声会話することができる**
- **コミュニティの中でも趣味に特化した部屋を作ることができる**
- **コミュニティメンバーの熱量の状態を可視化することができる**

メンバーの状態を適切に把握し、それぞれに沿った顧客体験をカスタマイズ性高くデザインできるのがDiscordの良さです。

COLUMN Discordには有料版もある

Discordには有料版のDiscord Nitroと呼ばれる月額課金制のサービスがあります。しかし、有料版はコミュニティ運営には必須ではありません。基本的には無料のままでコミュニティ運営ができるので、この点もDiscordをコミュニティに使うメリットと言えます。

Discord Nitro

Section 4

「コミュ売れ」の時代が到来する！

コミュニティの良さをお伝えしてきましたが、コミュニティをうまく活用していけば、モノをより多くの人に届け「売れる」状況を作ることも可能です。

TikTok売れのメリットと課題

ここ数年で「TikTok売れ」というバズワードが生まれました。TikTokで「バズ」った商品が翌日棚からなくなる、欠品が続くといった大きな影響が、リアルとオンライン双方の購買活動で定期的に発生しています。

TikTokを中心としたショート動画プラットフォームでは、数十秒のショートムービーに「買いたい」と思わせるようなリアルなクチコミ、ビフォーアフター、魅力などが詰め込まれています。優れたレコメンド機能で個人の好みにパーソナライズされるため、一度滞在した動画に類似した動画が、次から次へとタイムラインに流れてきます。消費者の中では、P.22で示したような、商品を認知して、購入するまでの工程（認知、興味・関心、比較・検討）が一気に三段飛ばしされて「行動＝購買」まで直接的にたどり着くというのが、TikTok売れの裏側で起こっている心理の変化と言えるでしょう。

ただ、TikTokで直感に訴えたアプローチによって瞬間風速的に商品が売れることはあっても、その後**ブランドのファンになるということはまた別軸**です。そのため、いかに自社の公式アカウントをフォローしてもらうか、一度接点を持ってくれた消費者をいかに囲い込むかを重要指標にしているブランド企業も増えてきています。しかし、SNSではアルゴリズムの変化が激しく、届けたいユーザーのタイムラインに情報を流すことが困難です。LINE公式アカウントやメールマガジンでは一方通行のコミュニケーションで、セールやクーポン情報以外あまり見られないという課題を感じている企業も多いのが現状です。**そこで今後、それを解消するキーになるのが「コミュ売れ」になるのではないかと筆者は考えています。**

■ リアルなクチコミならではのメリット

コロナ禍において、オンラインでの買い物や消費体験が増えたことでしょう。では、コロナ禍が落ち着いてからはいかがでしょうか？

インターネット検索から始まるオンラインでの買い物体験は、良くも悪くも直接的すぎて、これまでの買い物体験の価値を見直すきっかけにもなったのではないでしょうか。

■ コミュニティでファンダム形成が可能

筆者は、コミュニティによってリアル店舗の買い物体験DX、それによるファンダム（ファン同士の結びつき）形成ができると考えています。

少し想像してみてください。あなたはYouTubeで釣り動画を見て釣りを始め、一通り道具を集めました。初心者におすすめの釣り具ブランドなどをSNSやメディアを見ながらリサーチをするでしょう。それと同時に、初心者は何に気をつけて買ったらいいのか、実際同じ金額でもどんな差異があるのかといった、インターネットのオープンな場では探すことが難しい情報を求め始めるのではないでしょうか。アフィリエイト広告や#PRのついたインフルエンサーのコンテンツは少し信用できない。釣り具ショップに足を運んで店員さんに相談するのも少しハードルが高い。そんな時に、釣り好きの集まるコミュニティにあなたが入ったとします。

そこにはSNSのフォロワーは少ない、もしくはSNSなんてやっていないような人でも、釣り具にすごくこだわりを持っていて、毎日日本中の海に出ている人たちが集まっています。日々こんな魚が釣れたとか、捌いてこんな味付けをしたらすごく美味しかったとか、そんなたわいもない会話がされていて、「好き」でつながる関係性ができています。

先輩たちが丁寧に疑問点を解消してくれ、知る人ぞ知るブランドや釣り場、この釣り竿にはこの手袋がいいといった情報を教えてくれたり、あなたの味方になってくれたりします。

SNSでは知り得なかったリアルなクチコミや偶然の出会い、「自分のため」に伝えてくれる情報は、そのコミュニティへの愛情が生まれてくるはずです。SNSのようなオープンな海に自分の大切なこだわりや純粋な愛情を投げることは、今やその感情すらも傷つけるリスクがあります。そこで役立つのが、**真のこだわりや純粋な愛情で結ばれた「プール」のようなクローズドなコミュニティ**ではないでしょうか。

クローズドなコミュニティこそが必要になっている

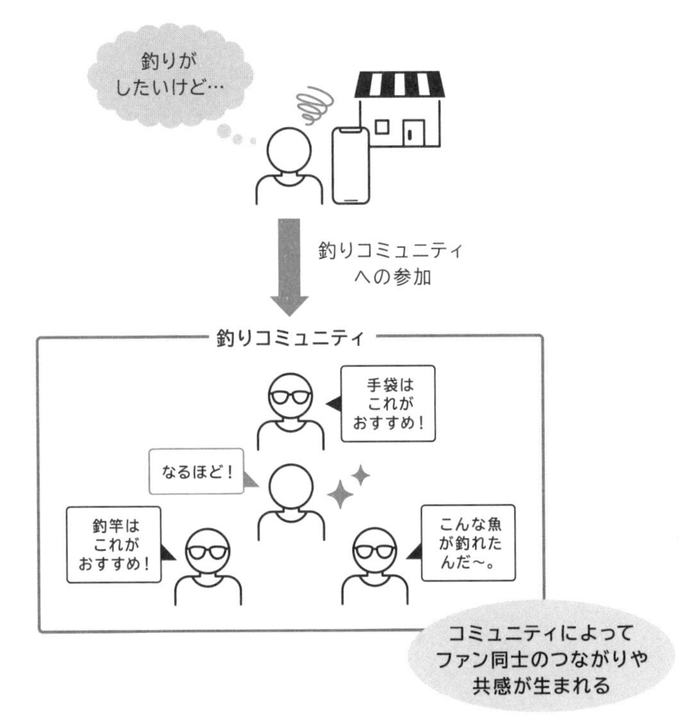

リアル店舗でしか知り得なかったリアルな情報がコミュニティ内に溢れ、コミュニティによって醸成したKOCがブランドへの愛を語り、それらを目にした新人メンバーが自分の居場所を見つけていく。

友達や店員さんにおすすめされる「購入までのあと一押し」が自然とされていく。

消費者にとっては本当に自分にとって必要な情報が得られたり、偶然の出会いによって顧客体験が向上したりする。

企業にとっては真のファンダムに直接情報を届けることができ、声を直接聞くことができる。

これがあらゆるブランド企業で発生する時に、これまでのオンラインでの消費体験は大きく価値が変わり、消費者にとっての代替不可能なブランドになっていく。これを筆者は「**コミュ売れ**」と呼んでいます。そしてこの顧客体験を最大化するのが、次章以降でお話しする、コミュニティマネジメントなのです。

この章のまとめ

- □ KOCを醸成し続ける鍵は「コミュニティ」にある
- □ コミュニティの力をうまく活用することで事業成長に貢献する考え方を、CLG（Community Led Growth）と呼ぶ
- □ コミュニティの作成ツールは複数あるが、カスタマイズ性の高さから、Discordを使うのがおすすめ
- □ コミュニティによってファンダム形成が可能になる
- □ コミュニティにより商品やサービスを購入することを、「コミュ売れ」と呼ぶ

コミュニティの定義

KOCを醸成させるには、コミュニティが鍵になります。本章では、そもそもコミュニティとは何かを定義しコミュニティの理解を深めていきましょう。

Section 1

コミュニティとは何か

あなたは企業のマーケティング担当者です。“コミュニティ運営”と聞いて、そこから何を期待するでしょうか？

- **コミュニティメンバーが製品やサービスを愛し自発的に紹介や宣伝をしてくれる！**
- **商品開発のヒントとなるアイデアをくれる！**
- **大きなユーザープールが構築できる！**

上記のようなことを期待するのではないでしょうか。でも現実では、次のような声をよく聞きます。

- **コミュニティメンバーとの対話がうまくいかない（担当者が適任ではない）**
- **定期的なコンテンツ投稿がつらい（担当者の人手不足）**
- **そもそも何のためにやっているのかがわからなくなる（目的不在）**

そして、あなたは“改善策を探すさすらいの旅へ”と向かいます。

計画のない自由な旅。憧れますね。でも、あなたは企業のマーケティング担当者です。改善戦略、必要な予算、施策の有効性など、誰もが納得する計画が必要です。そのためには、あなたが向き合おうとしている「コミュニティ」の定量化が必要になります。

本章では、Webマーケティングにおける「**コミュニティ**」とは何なのかを改めて定義、言語化していきましょう。

Section 2

コミュニティを定義する

先ほどの「コミュニティに期待すること」を事業成果で表現すると、次の図の左にある「期待していること」にあるような成果で表現できます。事業なので当然、それらには使われる予算があり、求められる成果指標があります。つまり、マーケティングでのコミュニティ活用とは、この成果指標をコミュニティで達成することを指します。成果指標については後述するので、まずは、コミュニティの定義を見ていきましょう。

期待していること	使われる予算	主な成果指標
販売促進	マーケティング予算	ユーザー数、ROAS、リーチ数
プロモーション効果	プロモーション予算	ブランドリフト、ブランド想起率、イベント来場者数
顧客満足（顧客接点）	CRM予算	継続率、エンゲージメント、NPS、小対数、LTV
PoC（実証実験）	研究開発予算	実証実験レポート

■ファネルとは何か

Webマーケティングにおける「コミュニティ」とは何か、商品の購入からファン化するまでの流れである一般的なマーケティングファネルを起点に整理していきましょう。まずは、ファネルという言葉について解説します。

ファネルとは、潜在顧客が商品やサービスを認知してから購入するまでのステップのことです。ファネルとは、もともとは理科の実験で使う漏斗（じょうご）を表す言葉です。商品やサービスの認知から購入にいたるまでに、潜在顧客がふるいにかけられ、徐々に少数になっていく様子からつけられた、マーケティング用語です。

ファネルとは

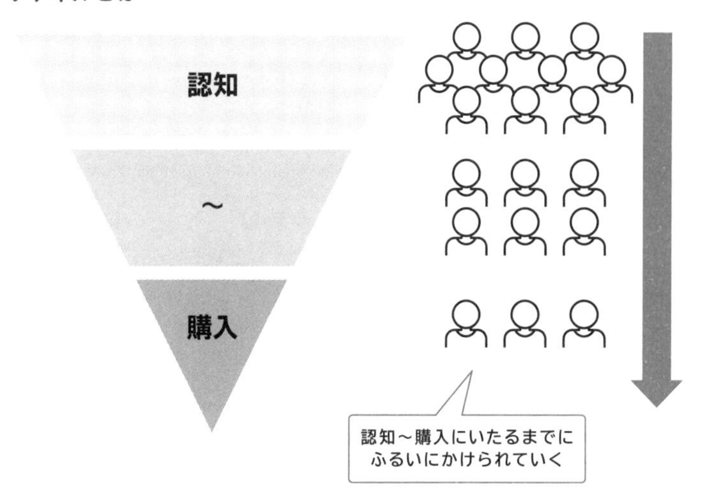

パーチェスファネルとアンバサダーファネル

マーケティングファネルには、次に示す、3つの基本の型があります。

- **パーチェスファネル**
- **アンバサダーファネル**
- **ダブルファネル**

ここでは「パーチェスファネル」「アンバサダーファネル」に絞って整理していきます。

顧客が商品を認知し、購入するまでの一般的な心理変化の段階を**パーチェスファネル**と呼び、「認知」>「興味」>「比較・検討」>「行動」のステップとなります。なお、パーチェスファネルは、P.20で解説したAIDMAモデルがベースとなっています。

パーチェスファネル（ベースはAIDMAモデル）

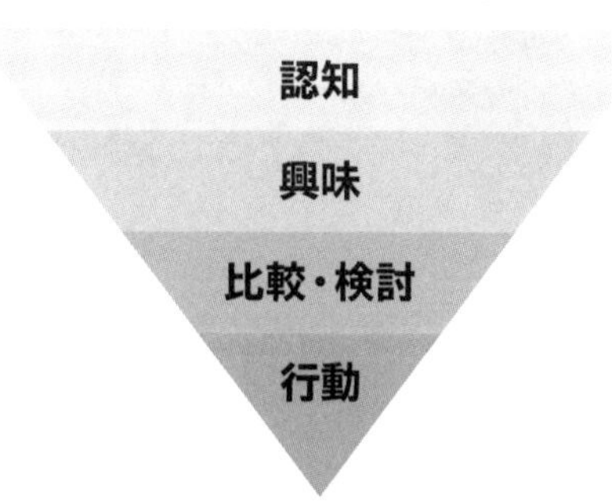

パーチェスファネルを経て、その次のステップとしては**アンバサダーファネル**があります。アンバサダーファネルは新たな顧客を創造する顧客行動の変化の段階のことで、「継続」>「紹介・共有」>「発散・拡散」>「**ロイヤル化（コミュニティに愛着を持った状態）**」というステップになります。なお、アンバサダーファネルは、P.22で解説したAISASモデルがベースとなっています。

アンバサダーファネル（ベースはAISASモデル）

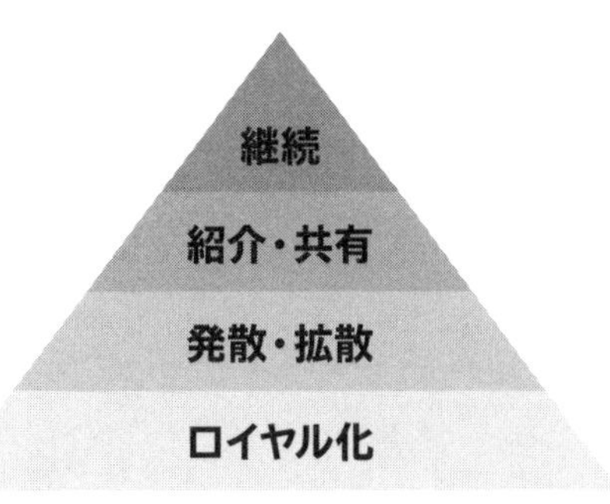

なお、アンバサダーファンネルの図は、下にいくと新しいお客さんを寄び込むアクションになるため、下へいくにしたがって面積が大きくなっています。

コミュニティファネル

パーチェスファネルとアンバサダーファネルという、2つのマーケティングファネルの「行動」から「ロイヤル化」までのステップに対応するようなコミュニティがあります。これを、筆者は**コミュニティファネル（コミュニティグロースモデル）**と呼んでいます。

コミュニティファネルには**「VISIT」>「FRIEND」>「VALUE」という行動ステップ**があり、それぞれに大事な目的があります。

「VISIT」とは、コミュニティを訪ねるステップです。コミュニティを最初に訪れる場所として「心理的安全の確保」が重要になります。

「FRIEND」とは、コミュニティで友達ができるステップです。メンバー同士がつながれる活動や環境があることが重要になります。

「VALUE」とは、愛着や、生きがいを感じられるステップです。コミュニティに属している特別感やお金に替えがたい体験を得られることが重要になります。

コミュニティファネル（コミュニティグロースモデル）

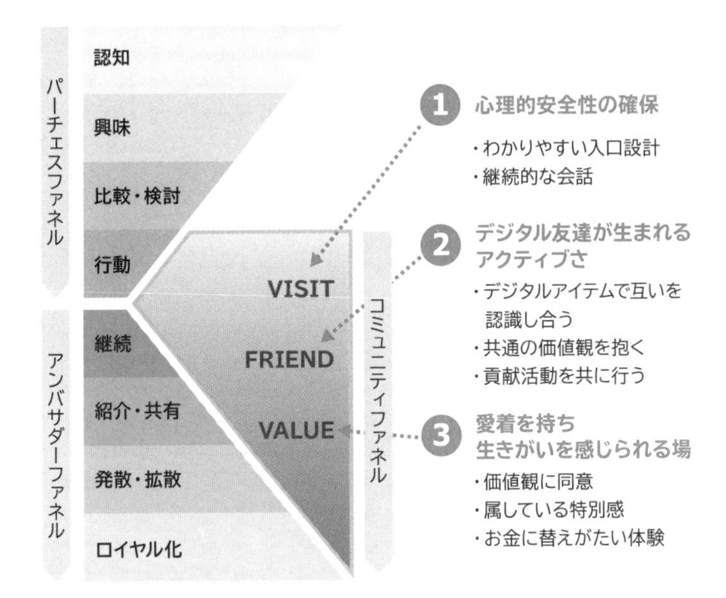

このように整理すると、コミュニティ＝新しいモノである、という感覚になりませんか？　でも、実はそんなことはありません。会社、サークル、クラブ活動、学校など、人が集まる場というのはおのずと、この3ステップに則っているのです。学校生活に例えてみましょう。

VISIT ステップ

入学式の日は、緊張しながら先生の話を聞いたり、周りの友達の顔をチラチラ見たりするだけで精一杯でしょう。そんな中で上級生の先輩たちが優しく案内してくれたり、先生が丁寧にケアしてくれたりと気を遣ってくれます。

FRIENDステップ

数日も経てば、自己紹介も終え、班で活動するような授業や遊びの時間を経ているので、いつしか友達ができていきます。

VALUEステップ

そんな段階を経て、卒業する頃には学校生活を通して一生忘れない体験と思い出を手にして羽ばたいていきます。今でも校歌を歌える人は少なくないでしょう。

Webマーケティングにおける「コミュニティ」も同じこと。 このような人と人のつながりが現実の場からデジタル空間になっただけで、根本にあるものは何も変わっていないのです。

■コミュニティを空間で把握する

コミュニティについて理解を深めるために、コミュニティを、よりリアルな空間イメージで把握してみましょう。

VISITステップ

「インフォメーションエリア」として、案内掲示板やウェルカムサポートなどがあります。学校を想像してみてください。校門や下駄箱など教室に入る前にある掲示板のようなイメージです。そこには学校生活のアレコレ、運動会や文化祭のアナウンス事項、大会で優勝したニュースなどが掲載されています。

FRIENDステップ

「アクティビティエリア」として、共創活動やテーマトーク、イベント企画などを通してメンバー同士の遊び場となっています。学校でたとえると教室です。そこでは友達を作り、勉強など学生生活の中心の場となります。

VALUEステップ

「ロイヤリティエリア」として、認証された人しか入室できないプライベートルームや特別な体験をできるスペシャルな空間になっています。学校でたとえると部室のような場所でしょうか。部活の仲間とともに大会で優勝を目指したり負けを悔しがったりと、大人になっても忘れられない青春の思い出という特別な体験をする場です。

3つのステップを空間イメージとして把握する

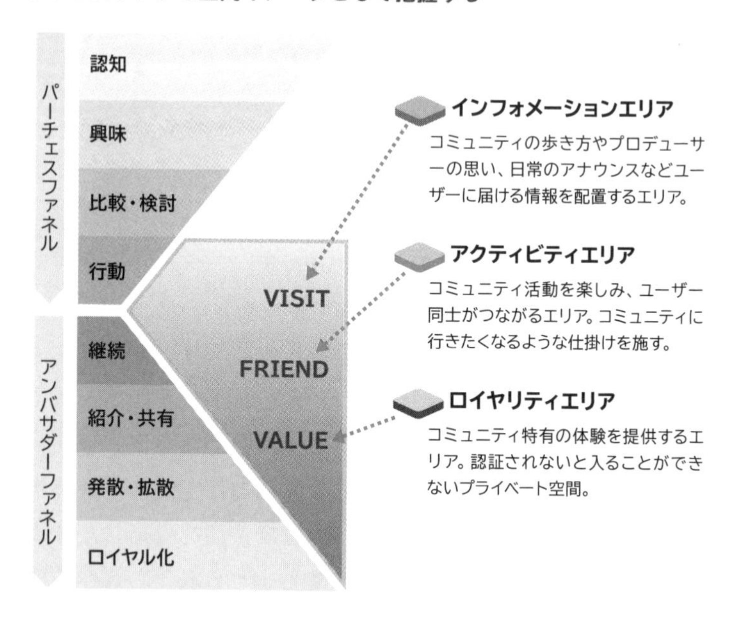

このような空間でメンバー同士がつながりを作り、助け合い、楽しみ、かけがえのない体験を経てファン化していく。それがコミュニティです。

Section 3

コミュニティの効果や成果を検証する

コミュニティファネルを定義することで、コミュニティのイメージが少しクリアになったのではないでしょうか。土台が整ったうえで、次に考えていく必要があるのは、コミュニティにおける効果や成果の検証です。

コミュニティの効果を定量的に図る方法

あなたがコミュニティの運営担当者だとして、上司から「君が運営しているコミュニティは先月と比べてどう？」と質問された場合にどう答えるべきかを考えてみましょう。たとえば、「先月と比べてコミュニティメンバー数が増え、みんなコミュニティを楽しんでくれています。飲み会イベントはとても盛り上がっていました」という答えでは、楽しそうですがとても曖昧な内容になってしまいますね。

ここで上司が求めているのは「投資対効果は？」「成果はきちんと出ているのか？」「他の手段のほうが良いのでは？」といった、成果の判断材料です。これに答えるためには、コミュニティの成果進捗を定量的に表現できる**コミュニティKPI**が必要となります。

ではKPIとはどのようなものを指すのでしょうか？　具体

的に説明していきましょう。

KGIとKPI

コミュニティファネル（P.68参照）では、3つのステップとその目的を定義しました。これらの目的達成度を数字で表すためには、最上段にKGIを定義します。**KGIは重要目標達成指標のこと**であり、ビジネスの最終目標を定量的に評価するための指標です。

一方、先ほど触れた**KPIは重要業績評価指標のこと**であり、組織の目標を達成するための重要な業績評価の指標です。

そのため、定義する順番としてはKGI→KPIになります。なおKGIは、パッケージごとに重視するべき情報が異なります。3つのステップごとに計測が必要な情報（スコア）は次の通りです。

VISITで計測するスコア

心理的安全性を提供し、メンバーにコミュニティの奥まで進んでもらえているかを判断する「**オンボーディングスコア**」を計測します。

FRIENDで計測するスコア

メンバー同士がデジタル友達になっているかを判断する「**アクティビティスコア**」を計測します。

VALUEで計測するスコア

メンバーが商品やサービス、コミュニティに愛着を持っているかを判断する「**ロイヤリティスコア**」を計測します。

■ 3つのステップで計測すべき具体的な指標

オンボーディングスコア、アクティビティスコア、ロイヤリティスコアという3つのKGIを表すKPIは、具体的には以下のような指標が該当します。

オンボーディングスコア

VISITで計測するオンボーディングスコアは、具体的に次のような指標が該当します。なお、VISITステップのみに関する指標ではなく、より正確性を高めるために、コミュニティの入り口から最奥までの範囲を対象にしています。

- **インフォメーションエリア到達率**

インフォメーションエリアに到達した人の割合を計測します。

インフォメーションエリア到達人数	÷	総コミュニティメンバー数

- **アクティビティエリア到達率**

アクティビティエリアに到達した人の割合を計測します。

アクティビティエリア到達人数	÷	インフォメーションエリア到達人数

- **ロイヤリティエリア到達率**

ロイヤリティエリアに到達した人の割合を計測します。

ロイヤリティエリア到達人数	÷	アクティビティエリア到達人数

アクティビティスコア

FRIENDで計測するアクティビティスコアは、具体的に次のような指標が該当します。

- **継続率**

7日間以内に一度でもコミュニティを訪れることを継続と捉え、コミュニティ全体の継続率を計測します。

7日間以内に一度でもコミュニティに来た人数	÷	総コミュニティメンバー数

- **DAU/MAU比率**

　メンバーがコミュニティを頻繁に訪れているかを示し、アクティブさや粘着性を計測します。なお、DAUとはオンラインサービスで1日に1回以上利用や活動があったユーザー数のことであり、MAUとは、オンラインサービスで月に1回以上利用や活動があったユーザー数のことです。

DAU ÷ MAU

- **アクション率**

　7日間以内に一度でもリアクション、メッセージなど閲覧以外の行動をとった人をアクティブメンバーと捉え、コミュニティ全体の活性率を計測します。

7日間以内でリアクション、 メッセージなどの行動をとった人	÷	総コミュニティ メンバー数

ロイヤリティスコア

　VALUEで計測するロイヤリティスコアは、具体的に次のような指標が該当します。

- **KOC率**

　コミュニティで影響力のあるメンバーがどの程度いるかを計測します。

KOC人数 ÷ 総コミュニティメンバー数

なお、KOCの定義はコミュニティの運営目的によって異なります。また、ロール機能で特定のアクションをした人をKOCとして把握する方法もあります。

- **プロモーションユーザー率**

身近につながっている人にコミュニティや商品を紹介してくれる人をロイヤリティが高いと捉え、コミュニティ全体の割合を計測します。

招待行動実施人数 ÷ 総コミュニティメンバー数

- **貢献活動参加率**

コミュニティに対して貢献するような行動をとった人をロイヤリティが高いと捉え、コミュニティ全体の割合を計測します。

貢献活動実施人数 ÷ 総コミュニティメンバー数

これらの情報をまとめると、次のような図になります。

3つのステップで計測するスコア

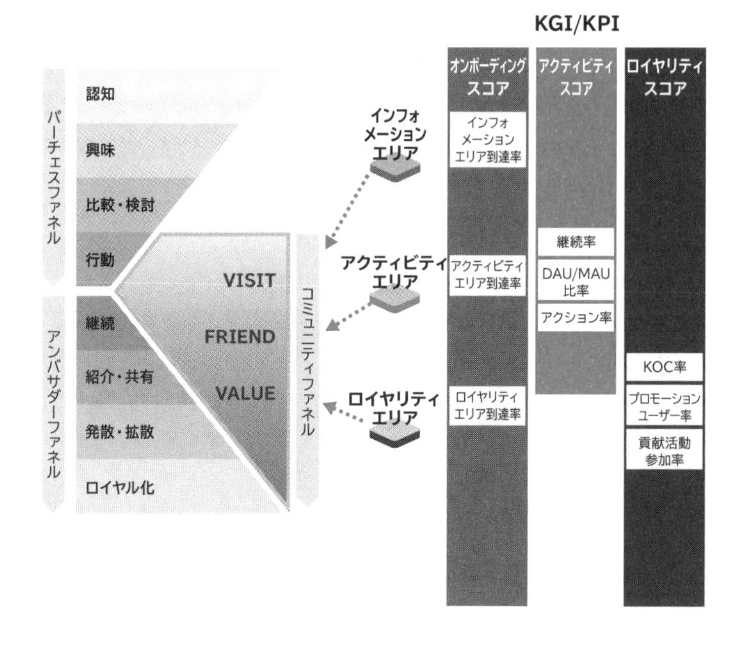

　これらスコアの具体的な取得方法ですが、Discordには**サーバーインサイト**という機能があります。サーバーインサイトとは、コミュニティへの参加人数や訪問人数といった、サーバーの利用状況を閲覧できる機能です。この機能を使うと「7日間以内に一度でもコミュニティに来た人数」「総コミュニティメンバー数」などを計測できます。また、各エリアの到達人数は、到達したことを記すロール（ラベル）を付与し、そのラベルが貼られている人をカウントするという方法があります。たとえばアクティビティエリアだと、インフォメーションエリアにあるチュートリアルをクリアするともらえるラベ

ルをセットしておき、その人数をカウントします。

これらの数値を、ここまでに述べた計算式に当てはめることで、KPIを求めることが可能です。本書はDiscordの解説書ではないので、詳細な操作方法は割愛しますが、参考にしてください。

Discordのサーバーインサイト機能で計測可能

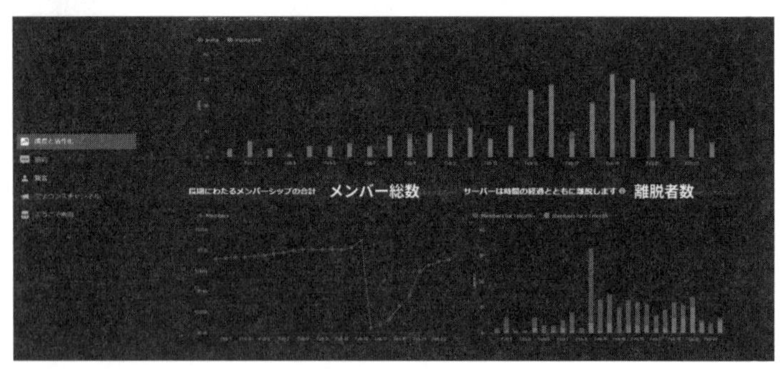

ちなみにこのサーバーインサイトはDiscordならではの機能なので、他のツールを使ってコミュニティ運営をする際はコメント数などからユーザーの反応をチェックするのがおすすめです。

COLUMN サーバーインサイトについて

コミュニティ立ち上げ後最初の内はサーバーインサイト画面を毎日確認することを推奨します。コミュニティマネジメントをしていると、つい声の大きな人の意見を鵜呑みにしてしまったり、会話が盛り上がっているだけで達成感を感じてしまいやすかったりします。しかし、本当にコミュニティマネジメントで大事なのは、「コミュニティで得たい成果にどのくらい近づいているのか」を正しく把握することです。

インサイトをチェックする目的①
イベント企画や施策が打ちやすくなる。

・コミュニティの中にいる人によって活発な曜日や時間帯は異なるものです。なるべく毎日確認し、より多くの人に届く可能性の高いタイミングを探っていきましょう。

インサイトをチェックする目的②
コミュニティの変化要因にすぐ対応することができる。

・コミュニティの動向には、SNSの投稿やプロダクトアップデートなど多くの変数が存在します。毎日インサイト画面を開くことで変化を数値で把握することができ、他の媒体の施策・対応にも活かすことができます。

この章のまとめ

- □ ファネルとは、潜在顧客が、商品やサービスを認知してから購入するまでのステップのこと
- □ コミュニティファネルには「VISIT」>「FRIEND」>「VALUE」という行動ステップがある
- □ 「VISIT」はコミュニティの最初に訪れるステップ、「FRIEND」はメンバー同士がつながれるステップ、「VALUE」は愛着や生きがいを持つステップ
- □ コミュニティの成果はKGIやKPIなどの指標で測定できる
- □ KGIやKPIの算出に用いる各スコア（インフォメーションエリア到達率など）は、Discordではサーバーインサイト機能を用いて測定可能である

コミュニティのスタイル

前章では抽象的に語られるコミュニティの定義を行いました。本章ではそのコミュニティを活用していくうえで避けて通れない、コミュニティの良し悪しについて見ていきましょう。

Section 1

コミュニティの
あるべき姿とは

以下は、AIに「企業のオウンドコミュニティをメンバーが楽しんでいる様子は？」と尋ねたところ、生成されたイラストです。

powered by ChatGPT

手前のローテーブルを囲み談笑している人たちがいます。右のハイテーブル付近はなんとなく静かな雰囲気ですね。中央で卓球を楽しんでいる人もいます。リアルのコミュニティだと驚きですが、デジタルコミュニティではあり得る光景かもしれません。また、空中を飛んで皆を楽しませている人もおり、インフルエンサーといったところでしょうか。

みなさんは、このコミュニティを良いと判断し継続投資を行いますか。もしくは、悪い状態と判断し改善を試みますか？

Section 2

コミュニティのスタイルを決める

コミュニティと一口に言っても、良いものから悪いものまで、さまざまなコミュニティがあります。ここでは、どのようなコミュニティが良いコミュニティなのかを見ていきましょう。

良いコミュニティ＝事業成果を向上できる

本書で指すコミュニティとは、地域や学校のものではなく、オンライン上のコミュニティマーケティングを想定していましたね。したがって、**購買促進効果やプロモーション効果など、企業の事業成果を高めるコミュニティが、良いコミュニティ**と言えます。

一方、悪いコミュニティとは、目的や出口が定かではない状態のコミュニティです。荒れている、閑古鳥が鳴いている状態は論外ですが、盛り上がっていて良いコミュニティに見えている場合にも注意が必要です。盛り上がっていても、その先に何があるのか、成果や効果がしっかりと定義されていないコミュニティは、コミュニティマーケティングを前提にした場合、悪いコミュニティと言えるからです（もちろん、地域コミュニティや緩い集まりを目的としたコミュニティとは、良し悪しの物差しが異なります）。

良いコミュニティ = KPIが高い

マーケティング領域での企業の事業成果を広く見ると、「売上向上」「新規顧客開拓」「認知向上」「ブランド価値向上」「顧客満足度向上」などがあるでしょう。これらの中から主に達成したい成果を定め、それに必要な**コミュニティKPI（P.73参照）の高い状態が良いコミュニティ**と言えます。

事業成果とそれを測るKPI

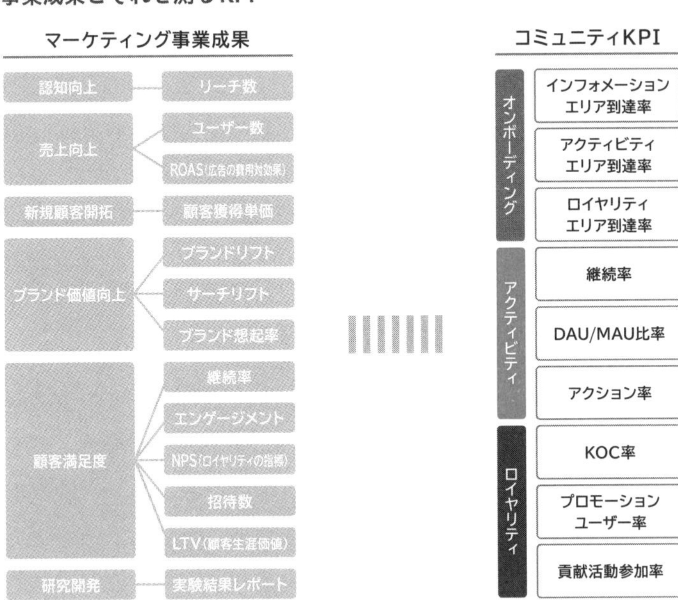

なお、コミュニティには、さまざまな成果にグラデーションのように効果が出るという特徴があるので、KPIを1つに絞る必要はありません。**ただし、運用施策を選ぶ際、注力するKPIが定まっていると効果を集中させることができて効率的**です。

事業成果とコミュニティKPIをつなげる

マーケティング領域での成果指標とコミュニティKPIをつなげ、適切な運用をした先にコミュニティマーケティングとしての成功があります。その両者の連結部として、目的ごとに運営方法の異なるコミュニティのスタイルがあります。コミュニティのスタイルには、たとえば「集客効果最大化」「売上最大化」「新規顧客獲得」などが挙げられます。**事業成果を、コミュニティのスタイルという、コミュニティの世界の指標に変換することで、コミュニティKPIとの連結が可能になる**ということです。

コミュニティの力を使ってどのようなマーケティング成果(事業成果)を成し遂げたいのかという点から、**どのようなコミュニティスタイルが適切なのかを決める**ことで、成果につながるコミュニティ作りをすることができます。

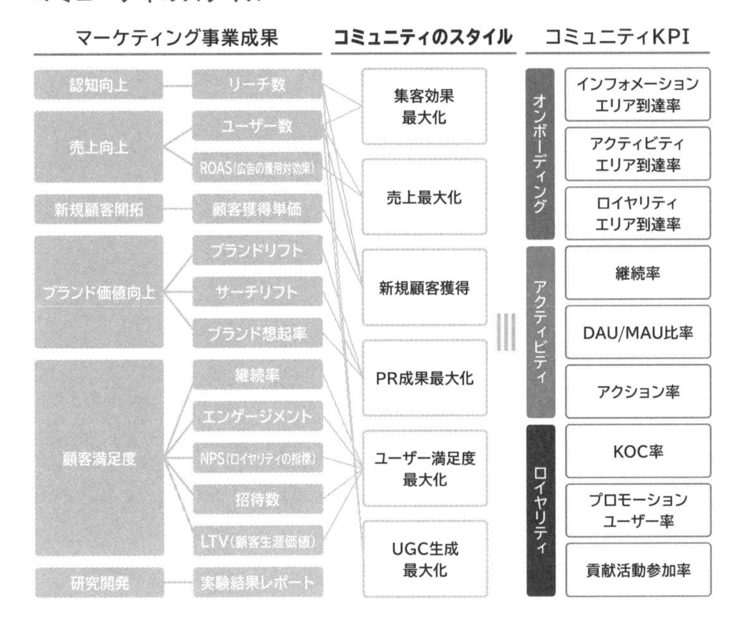

コミュニティスタイルは、一番最初に決めておくことで運営の意思決定・PDCAが回しやすくなるなどのメリットがあります。コミュニティでどのような成果をもたらしたいのか？　から逆算して決めておきましょう。

Section 3

コミュニティのスタイル例

事業成果を達成するコミュニティを作るには、適切なコミュニティスタイルを選ぶことが重要です。ここでは、コミュニティスタイルの例を6つ紹介しましょう。

さまざまなコミュニティスタイル

スタイル①「集客効果最大化」コミュニティ

コアなユーザー数の拡大を目指すコミュニティです。コミュニティ設計とマーケティング戦略の連動で多くのユーザーを集めていきます。

- **向き合う事業成果**
  認知向上、売上向上

- **主要なコミュニティKPI**
  コミュニティ招待人数、特定チャンネル発言数

- **マッチしやすい商材・サービス**
  低価格帯で生活に密着している食品や生活雑貨など。利用頻度やネームバリューは高いがコアファンが少ない商材向け。

スタイル②「売上最大化」コミュニティ

売上の最大化を目指すコミュニティです。コミュニティへの参加度を高めたり、クチコミやレビューコンテンツで購買を促したりしていきます。

- **向き合う事業成果**
  売上向上

- **主要なコミュニティKPI**
  特定チャンネル発言数、特定チャンネル閲覧数

- **マッチしやすい商材・サービス**
  一定のブランド認知度がすでにあり、より営業力を高めたい場合におすすめ。購入に検討が必要なもの、時間がかかるニッチな商材にマッチしており、車、釣り竿、腕時計な

どの趣向要素のある商品向け

■スタイル③「新規顧客獲得」コミュニティ

新たな顧客の開拓を目指すコミュニティです。ユーザーのリファラルキャンペーンを活用して集客し、これまでタッチしていなかった領域にも積極的にアプローチしていきます。

- **向き合う事業成果**

  新規顧客開拓、認知向上、売上向上

- **主要なコミュニティKPI**

  新規加入者数、招待者数

- **マッチしやすい商材・サービス**

  新たなユーザーの流入を促したい、新商品や新サービス向け

■スタイル④「PR成果最大化」コミュニティ

プロモーション成果の最大化を目指すコミュニティです。企業発信だけでは限界があるリアルなクチコミや主となるキーワードやブランド名などの発信を、コミュニティメンバーの協力を得て実行していきます。

- **向き合う事業成果**

  ブランド価値向上

- **主要なコミュニティKPI**
  ロイヤリティエリア到達率、KOC率、プロモーションユーザー率、貢献活動参加率

- **マッチしやすい商材・サービス**
  使用後のレビューや効果などUGCを重要視する商材の場合におすすめ。ニキビケア、肌荒れ化粧品、薄毛などのコンプレックス商材は特にマッチしやすい

スタイル⑤「ユーザー満足度最大化」コミュニティ

満足度を高めて継続率などの最大化を目指すコミュニティです。ユーザー同士の交流、日々のポイント付与施策で来訪回数や滞在時間の増加を図っていきます。

- **向き合う事業成果**
  顧客満足度向上

- **主要なコミュニティKPI**
  アクティビティエリア到達率、継続率、DAU/MAU比率、アクション率、プロモーションユーザー率

- **マッチしやすい商材・サービス**
  サービスの継続利用を促したいゲームやSasSサービス向け

■スタイル⑥「UGC生成最大化」コミュニティ

UGCやクチコミレビュー数の最大化を目指すコミュニティです。動画テンプレートやコンテスト企画、また、貢献インセンティブにより創作活動の活性化を図っていきます。

- **向き合う事業成果**

  認知向上、売上向上、ブランド価値向上

- **主要なコミュニティKPI**

  アクティビティエリア到達率、アクション率、KOC率、貢献活動参加率

- **マッチしやすい商材・サービス**

  クチコミによる購入を促したいD2Cやブランド商品向け

この6つのコミュニティスタイルをまとめると、P.90の図のようになります。

自分が目指しているコミュニティの理想像に向けて最も適しているコミュニティスタイルを選び、方向性を固めていくようにしましょう。

Section 4

コミュニティスタイルごとの戦略

ここからは、コミュニティの構築における、コミュニティスタイルごとの戦略例を紹介していきましょう。大きく次の3つの戦略について解説します。

■コミュニティ構築に必要な3つの戦略

①全体戦略

パッケージ全体の戦略骨子です。どのように事業成果を達成するのかの攻め筋を簡単にまとめた項目です。

②アンバサダー戦略

コミュニティには管理者だけがいるわけではありません。コミュニティメンバーの会話が楽しくなるように話を回す人や、多くのメンバーを集めてくる集客力のある人、コミュニティの安全性を保つための注意や退会処理を行う人といった、さまざまなコミュニティ運営の人材によって成り立ちます。その中でも集客やコミュニティメンバーの定着を担う広告塔となりうる**アンバサダー**となる人材のキャスティングについて言及します。コミュニティの構築において、アンバサダーの起用は必須ではありませんが、起用した場合、**コミュニティ運営において集客を加速できます。**なお、アンバサダーではなくコミュニティ運営そのものに必要な人材については、Chapter5で解説します。

③運用戦略

テーマ別の**スレッド（チャンネル）**や特定の人にしか見られない鍵のかかったスレッドの活用方法や、実行するイベント企画などの運用施策を紹介します。

これら3つの戦略に加えて、実際のコミュニティがイメージできるように、コミュニティの構築例もあわせて紹介します。

それでは各パッケージの紹介へ進みましょう。

Section 5

集客効果最大化の戦略

ユーザープールの拡大を目指す「集客効果最大化」コミュニティの3つの戦略について紹介します。

全体戦略

コミュニティメンバーのファン化よりも、数を増やすことに着目し、多くの潜在顧客に参加してもらうことを目指します。入り口のハードルを下げることで参加時の離脱を防止し、コミュニティ内で発信される情報の有益さをきちんと伝えることがポイントです。

アンバサダー戦略

コミュニティの中だけでなく、SNSやCMなどといった外部のマーケティング戦略も加味したうえでのキャスティングが重要です。CMや広告、インフルエンサーなどマーケティングとして外に出ている情報と内部の情報の一貫性を持たせるため、**コミュニティのテーマに沿った属性の人材**をキャスティングします。

アンバサダーはコミュニティの中で影響力のある発言や活動をして貰うことが狙いとなります。すでに著名で様々な活躍をしているインフルエンサーに料金をお支払いしアサインするケースや、SNSなどを駆使し一般人ですがテーマと役割にフィットした人を探し出し、料金をお支払いした上でアサインするケースなどがあります。

■ 運用戦略

シンプルなスレッド設計

階層構造を深くしすぎず、スレッド設計をシンプルにし、**コミュニティ内での移動を最小限にする**ことが重要です。軽い気持ちで入ってきた潜在顧客が迷わないようにすることで、最初の離脱を防ぐことを目指します。

ハイライトの作成

コミュニティ内でこれまでに実施されたリアルイベントやオンラインでのMeetupイベント、盛り上がった話題など、コミュニティの「**ハイライト**」を作ります。コミュニティに入るメリットを、過去の会話を追わずとも感じてもらうのが目的です。

たとえば、スポーツコミュニティでフットサルのリアルイベントを企画し、みんなで昼食をとっている様子の写真などを、ハイライトとしてコミュニティに掲載するといった具合です。

リアルイベントの実施

リアルイベントの実施を積極的に行います。マーケティング戦略と絡めることが前提にはなりますが、勉強会や登壇など有益なイベントを定期的に行うことで、コミュニティに来訪してくれる人を強固にしていくことが可能です。

コミュニティの構築例

コミュニティの構築例として、おすすめのスレッド構成について解説します。P.70でも解説した、インフォメーションエリア、アクティビティエリア、ロイヤリティエリアごとにスレッド例を紹介していきましょう。なお、ここからはDiscordのスレッド画面を掲載しますが、スレッド例については、Discord以外の、スレッド機能があるアプリでも有効です。

インフォメーションエリア

「会員報」スレッド。定期的に更新される有益なコラムや、コミュニティのハイライトがまとまっています。入室手続きスレッドから、この「会員報」スレッドに誘導するようにします。

___管理人室___
| 入室手続き
| ヘルプ
| お知らせ
| 会員報

アクティビティエリア

「今日の〇〇」スレッド。商材やブランドの特性に合わせたテーマを設定します。「今日のおやつ」や「今日のベストショット」など、**ライトに書き込みができるような、日常の延長にあるテーマを設定する**ことで、来訪数を増やせます。

```
⌄ ___ラウンジ___
  # 🤝 | 自己紹介
  # 💭 | 雑談
  # 👀 | 今日の〇〇
```

ロイヤリティエリア

「おトク情報」スレッド。一定以上コミュニティに貢献した人のみが入れるエリアを作成します。このスレッドでクーポンや新作情報など、お得な情報を発信することで、コミュニティメンバーであることのメリットを提供できます。

```
⌄ ___最上階___
  # 💳 | ポイント交換室
  # 🉐 | おトク情報
```

Section 6

売上最大化の戦略

売上の最大化を目指す「売上最大化」コミュニティの3つの戦略について紹介します。

全体戦略

商品のリピートや他の商品への興味を促すことを目指します。商品に関わるニッチな会話ができる場を作り、信頼感のあるコミュニティを築けるようにします。KOCが中心となって自然なクチコミやレビューが生まれるように促し、売上の最大化を目指します。

アンバサダー戦略

アンバサダーには、商材の領域に合わせて説得力のある人材をアサインします。SNSのフォロワー数ではなく、**領域に関わる年数の長さや頻度の高さ、キャリアなどから選定**します。コミュニティメンバーを引き付けるような商材知識や文章の表現力、また誰とでも仲良くなれる、人懐っこい性格の人が望ましいでしょう。一方、SNSのフォロワー数が多く影響力があったとしても、文章の表現に角があったりコメントが少なかったりといった、コミュニティメンバーに慕われにくい人は避けましょう。

運用戦略

レビューをためる場所を作る

Google Mapsなど、行きたい場所や行ってよかった場所をまとめたリストを複数人で作れるサービスを活用し、商品や施設のレビューをコミュニティメンバーでためていく場所を作ります。自然なクチコミが出てくることを促し、**Web検索やSNSよりも信頼できる情報がコミュニティにあるという意識**を植え付けます。

他己紹介を促す

他己紹介を積極的に行うよう、自己紹介チャンネルで「モデレーター」が中心となって発信します。特に招待制のコミュニティなどでも有効な施策であり、コミュニティメンバー主体でのコミュニケーションが生まれるように促すことができます。

地域別スレッドの作成

オフ会や公式主催のイベントなどが積極的に開催されるよう、地域別のスレッドを作成します。地域ごとの話題から共通点が見つかることもあり、デジタル上の友達が作りやすくなります。

⌄ 地方オフ会
北海道
東北
関東
北陸
中部
関西
中国
四国
九州

COLUMN **招待制コミュニティ**

コミュニティを招待制にすべきかどうかは「安全性を担保したい」「少数精鋭でエンゲージメントを上げたい」といった、**コミュニティの方向性によって決めます。**また、招待制にした場合、コミュニティのロイヤル体験をより演出したいなら、友人から招待リンクを発行してもらった人限定でコミュニティに入れるようにするとより特別感が増しロイヤル体験向上に役立ちます。

■コミュニティの構築例

インフォメーションエリア

コミュニティメンバー間で生まれる会話がメインの情報となるため、運営からの情報スレッドは最小限にします。「施設のルール」スレッドで規約にしっかり同意をしてもらうようにしておきましょう。

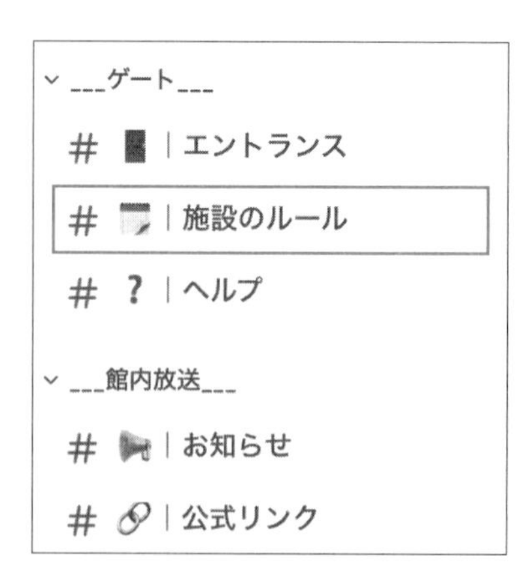

アクティビティエリア

「推し○○」スレッド。ブランドのアイテムや周辺にあるアイテムなどをトピックとし、自分のこだわりや好きなポイントなどが語れるようなスレッドを作成します。自分と同じようなこだわりを持つ友達を見つけることができ、コミュニティメンバーへの信頼感が生まれやすくなります。

ロイヤリティエリア

「エリア別」カテゴリ。P.102の運用戦略でも紹介したように、住んでいる地域別のチャンネルを作成します。よく行く施設やお店を話題にできたり、共通の話題も増えたりすることからコミュニティへのエンゲージメントが高まります。また、オフ会も実施しやすくなり、より深い関係が築きやすくなります。

Section 7

新規顧客獲得の戦略

新たな顧客の開拓を目指す「新規顧客獲得」コミュニティの3つの戦略について紹介します。

■ 全体戦略

新商品やブランドラインを作る時など、**既存顧客とは属性の異なるメンバーを獲得するために、ターゲットが共感できるトピックを設定**していきます。立ち上げの背景や思いなど、ストーリーテリングを丁寧に行うようにすることで、共感してくれる新規顧客を集めます。

■ アンバサダー戦略

新商品やブランドラインのターゲットと近い属性の人をアンバサダーに配置します。コミュニティメンバーが共感してくれることが重要なので、キャラクター性や人柄も重要視して選定します。

■ 運用戦略

チュートリアルの設置

コミュニティの全てのスレッドが見える前に、チュートリアルを作成します。ここではコミュニティのルールや説明に加えて、新商品やブランドラインの背景と思いを伝えられるようにします。

アンケートの実施

定期的にアンケートを実施します。新規顧客を獲得するにあたり、**関心事などの調査をすることで、あとの施策やコンテンツの調整ができるような知見をためていきます。**

お題つきの挨拶を実施

お題つきの挨拶をモデレーターが毎朝行うようにします。「今日は何を食べますか？」「今日は〇〇の日ですが、みなさんお出かけしますか？」といった、ライトな会話のきっかけを作りながら、より深い話ができるスレッドに誘導します。

コミュニティの構築例

インフォメーションエリア

「はじめての方へ」スレッド。ブランドの背景を伝えるために、**コミュニティに初めて訪れた人がここのスレッドを見て反応をしないと中に入れないようにします。**ここでは新規顧客に向けたメッセージや商品、ブランドの思いをきちんと伝えるようにストーリーテリングをします。

⌄ ___入り口___

📘 | ルール・規約

💬 | ビギナーチャンネル

💡 | ヘルプ

📘 | はじめての方へ

アクティビティエリア

ターゲットにとって関心のある領域での勉強会を実施します。最初は運営が企画しながらも、雑談から会話を吸い上げて勉強会につなげるようにモデレートします。徐々にコミュニティ主体での開催ができるように促し、運営以外で役割を持ったメンバーを増やせるようにします。

ロイヤリティエリア

ターゲットの関心と商材のブリッジができるようなトピックを用意します。リアルで会話するのには抵抗があるものや、話せる人がいないようなトピックに設定することで、コミュニティでしかできない話をできるようにします。ここから商材やコミュニティへの愛着心を醸成し、新規顧客の獲得につなげます。

Section 8

PR成果最大化の戦略

プロモーション成果の最大化を目指す「PR成果最大化」コミュニティの3つの戦略について紹介します。

全体戦略

友達への紹介や拡散といった貢献活動が積極的に行われることを目指します。ブランドの価値を高めるようなスレッドと、毎日コミュニティに訪れたくなるような機能性が高いスレッドを設定することで、ユーザーのエンゲージメントを高めます。

アンバサダー戦略

提供するトピックの専門家、または関連度合いの高い人材を配置します。一般的な消費者とメリハリのつくバックグラウンドを持つKOCを用意することにより、コミュニティに所属する優位性を高めることができます。

運用戦略

話題をまとめておく

コミュニティ内で話題になったことやイベントなどを毎週まとめて発信します。まとまっていることでメンバーが話題についていきやすくなるだけでなく、X（旧Twitter）などでコミュニティ活動を発信していくことで拡散が促されます。

ボイスチャットの用意

誰でも自由に話せるボイスチャットを用意します。作業をしながら入ったり、運動しながら入ったりするなどコミュニティのテーマに合わせたボイスチャットにします。音声コミュニケーションを積極的に実施することで、コミュニティへの愛着が高まります。

部活やサークルを作る

コミュニティメンバーの属性に合わせた部活やサークルを作成します。グルメやゲームなど同じ趣味を持つ人同士が会話をしやすくすることで、メインの会話にはついていけない人にも居場所を作ることができます。

コミュニティの構築例

インフォメーションエリア

「クラス選択」スレッド。商品やブランドにまつわる共通点ごとでロール分けを行います。共通の悩みや興味・関心のある人たち同士で小さなコミュニティが最初にできることで心理的安全性を高めることができます。

試練の間
| クラス選択
| 脚やせ
| お腹痩せ
| 腸活
| ランニング

アクティビティエリア

「教室（トピック別）」カテゴリ。ブランドの周辺にあるトピックスを作成します。コミュニティ内の情報有益性が高まり、コミュニティに来る理由を作ることができます。また、会話のテーマが決まっていることで発言のハードルも下げることができます。

| 美容部
| チートデイ部

ロイヤリティエリア

「お悩み別」スレッド。コミュニティがサードプレイスとなり、貢献活動をしたい対象となるために、個人的な話ができるような居場所を作ります。コミュニティのターゲットが複数になる場合はロールを活用して空間を分けることも効果的です。

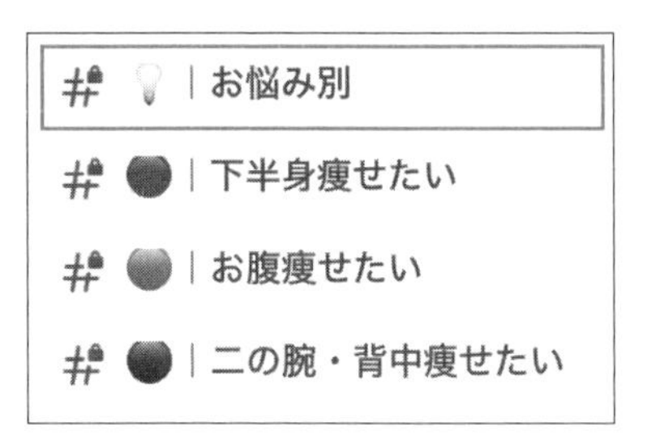

COLUMN 鍵付きスレッド

スレッドによっては、全員が参加できるオープンなものと上記アクティビティエリアやロイヤリティエリアのように特定の人だけが入室できる鍵付きスレッドに分けて運用することもおすすめです。鍵付きスレッドは該当の方のみが参加でき、より密なコミュニケーションをとることができるメリットがあります。

Section 9

ユーザー満足度最大化の戦略

満足度を高め継続率などの最大化を目指す「ユーザー満足度最大化」コミュニティの3つの戦略について紹介します。

全体戦略

満足度を高めて継続率などを最大化することを目指します。コンテンツの世界観を表現した、テーマパークのようなスレッド設計で滞在する心地よさを演出します。毎日コミュニティに来るともらえるインセンティブポイントを活用し、来訪数や滞在時間の増加を促します。

アンバサダー戦略

世界観を楽しみ、コンテンツのファンアートや共創ができるような、**制作スキルのあるメンバー**を集めます。企業とメンバーが共創する際に架け橋となるような、言語化能力の高いメンバーを中心として構成するのが理想的です。

運用戦略

インセンティブポイントの用意

メンバーの貢献活動に対してポイントを付与するインセンティブポイントを用意します。ソーシャルゲームのようなログインボーナスなどライトなものから、ファンアート制作やイベント参加など貢献活動を対象にすることで多くのメンバーが楽しめる機会を提供します。

世界観を表現したチャンネル設計

チャンネル設計から世界観を作り込みます。実在する建物や場所など、メンバーが想像しやすい世界観を作ることで没入感を演出します。

ナビキャラの用意

コミュニティ内のボットや運営アカウントを世界観のあるナビキャラで演出します。ゲームのチュートリアルのようにキャラクターが案内をしてくれることでコミュニティへの愛着が湧きやすくなります。

コミュニティの構築例

インフォメーションエリア

　以下はゲームのコミュニティ「AKIVERSE」を例として紹介します。「マレビト」というのはゲームのプレイヤー名称です。独自の名称をスレッド名に取り入れることで世界観を踏襲し、チュートリアルをクエストのように作成します。初めてコミュニティに参加したメンバーが世界観に没入しながら情報をキャッチアップできるようにすることで、チュートリアルの突破率を高めます。

//--旧アキハバラ・ステーション-...
-駅前掲示板
♀ -マレビト案内所
-マレビト講習会
-akiverse-vision
akiverse-navi
-community-navi
-news

アクティビティエリア

　「プロダクト要望」スレッド。ゲームなどプロダクトの改善要望・提案をユーザーが行える場所を作ります。意見をしていいという心理的安全性と、いちメンバーとしての主体性が高まります。**要望に対してきちんと運営が反応してあげることでより満足度が高まります。**

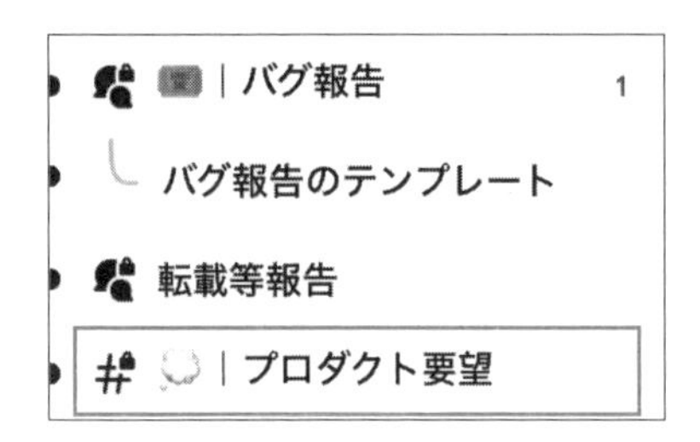

ロイヤリティエリア

「ホルダーラウンジ」カテゴリ。一定以上のコミュニティ貢献活動をしたメンバーのみが入れるチャンネルカテゴリを用意します。限定的なコンテンツやメンバーとの深いつながり、コミュニティ内ポイントの換金（アイテムとの交換など）など特別な体験ができるようにすることで、コミュニティがかけがえのない居場所になるように演出します。

Section 10

UGC生成最大化の戦略

UGCやクチコミレビュー数の最大化を目指す「UGC生成最大化」コミュニティの3つの戦略について紹介します。

全体戦略

UGC創出数を最大化することを目指します。SNS投稿がしやすいようなテンプレートやコンテスト企画、アワードや貢献インセンティブポイントによりSNSへの発信や「いいね」、シェアなどの**ユーザーのエンゲージメント行動を促します。**

アンバサダー戦略

ユーザーの中から、商材の領域に詳しく、説得感のある人材を中心に集めます。フォロワー数は関係なく、**商材についてSNSで発信をしている人**を中心メンバーとして構成させます。

■運用戦略

スタンプ作成などの企画を実施

　Discord内などで使えるスタンプ作成企画などユーザーが簡単に創作できる企画を実施することで、コミュニティメンバーのクリエイティブ心を刺激してあげます。そうすることでクチコミやレビュー、コンテンツなどのUGC創作意欲がかき立てられることを期待します。

インセンティブポイントの導入

　コミュニティ内のインセンティブポイントの導入です。UGCやクチコミの作成によるインセンティブを設定し、貢献行動を促します。そうすることでUGCの創作を楽しむ人が増えることを期待します。

スキルシェアワークショップの開催

　スキルシェアワークショップを開くことで、創作スキルを学ぶ過程がクリエイティブ行動となります。また、創作の楽しさを伝えられるととてもよいでしょう。

コミュニティの構築例

インフォメーションエリア

「研究・開発日誌」スレッド。新商品の開発状況などを開発日誌として記載していくことで、**普段明かされない情報を知れる喜びや、裏側を知ることでより貢献したいという気持ちの醸成を促します。**

アクティビティエリア

「広報活動報告」スレッド。SNS投稿をこのスレッドに報告することでインセンティブがもらえ、UGC創出行動を促します。

∨ //_コスメラボ
-私と○○
-今日のお守りコスメ
-広報活動報告
♀ -beforeafter

ロイヤリティエリア

「バックヤード」カテゴリ。一定以上の貢献活動を行うことで特別感のあるチャンネルが解禁されるようにします。限定的なコンテンツを用意することで、他のコミュニティにはない体験を提供します。

∨ //_バックヤード
-美容部員の部屋
-vip-room
-ポイント交換部屋

達成したい事業目標やマーケティング指標からコミュニティスタイルを選択し、各スタイルのポイントを押さえたコミュニティ作りをすることで成果につながりやすくなります。ここで提案したポイントは一部ではありますが、運営をしていく中でもどの指標が大事なのか、つまり、**どのような行動をユーザーにしてほしいのかを明らかにし、目的思考で施策を重ねることが非常に重要**です。

この章のまとめ

- □ 購買促進効果やプロモーション効果など、企業の事業成果を高めるコミュニティ、つまりコミュニティKPIが高いコミュニティが、良いコミュニティである
- □ 適切なコミュニティスタイルを決めることが、成果を出すコミュニティ作りにつながる
- □ コミュニティのスタイルには、「ユーザープールの拡大を目指す」「売上の最大化」「新たな顧客の開拓」「プロモーション成果の最大化」「満足度を高めて継続率などの最大化」「UGCやクチコミレビュー数の最大化」などがある
- □ コミュニティのスタイルごとに、とるべき全体戦略、アンバサダー戦略、運用戦略は異なってくる

コミュニティの運営に必要な人材

これまでコミュニティの構築について説明してきました。本章では、コミュニティの運営にどんな人材や役割が必要なのか、具体的に説明しましょう。

Section 1

コミュニティ運営に必要な役割と素養

コミュニティを立ち上げる際、チャットグループやサーバーなど箱だけを用意しても「コミュニティマネジメントができている」とは言えません。実際にコミュニティを運営するメンバーを集め、運営をしていく必要があります。

小学生の頃を思い出してみてください。どんな人がクラスにいましたか？

- **しっかり者の委員長**
- **勉強が得意で物知りな人**
- **運動神経がよくて、憧れられる人**
- **お調子者で常に人の輪の中心にいる人**
- **絵が上手な人**

さまざまな個性のある人たちで小学校というコミュニティは形成されていたと思います。それぞれが個性を活かしながら、運動会の応援団や委員会、クラブ活動の部長などさまざまな役割を担当していました。

私たちが円滑なコミュニティ運営をするのも同じように、それぞれの持ち場に必要な適性や素養というものがあります。

Section 2

コミュニティ運営に必要な役割

コミュニティを運営するには、さまざまな役割を持った人が必要です。もちろん兼務でも構いませんし、欠けていても成り立つケースはあります。

ただし、**コミュニティで高い事業成果を出すためには、このあとに紹介する役割の人がいることが望ましい**です。実際は、予算などの制約もありますが、何が欠けているのかを認識しているだけでも、結果は異なってきます。コミュニティ運営を円滑に行い、目的を達成するためには、どのような仕事と役割が必要なのでしょうか。

あるイベントの例

たとえば、イベントの参加数を増やしたいというプロジェクトがあったとします。このプロジェクトをコミュニティの力で達成しようとする場合、次のような仕事が必要です。

1：成功を定義する

何を達成すればイベントが成功したと言うのかを定義します。ここでは、イベントの目標参加人数を100人とします。

2：成功と現状のギャップを把握する

現状ではコミュニティに500人のメンバーがいます。イベントに参加してくれそうな活発な人たちが150名程度と把握し、その中でも実際に参加できる人は60名程度だとしましょう。参加率は40%となり、イベントの目標参加人数100名とのギャップは40名になります。

3：成功に近づけるためには何が必要かを考える

さまざまな方法が考えられますが、現状のコミュニティには500人いるので、この中からコミュニティに来訪してくれる活発な人を増やすための手段を選択します。参加率は40%なので、活発な人数を150名から250名に増やすと、イベントの参加人数100名を達成することができます。

活発な人を250名に増やすために下記のような施策を考えます。

- 施策A：**コミュニティ内での有益な情報発信を増やす**
- 施策B：**一度でもコミュニティに来てくれた人と、できるだけ仲良くなるようにする**
- 施策C：**関心を引くことのできるチャンネルを作成し、滞在時間が増えるようにする**

4：施策を実行する

考えた施策を実行します。

- 施策A：コミュニティ内での有益な情報発信を増やす。モデレーターが中心となり、情報発信を増やすようにします。毎日投稿、毎週水曜日だけといった頻度も一緒に決めて実行します。
- 施策B：一度でもコミュニティに来てくれた人と、できるだけ仲良くなるようにする。コメントや朝の挨拶に対してモデレーターが100%コメントを返したり、質問を投げてコミュニケーションが続くようにしたりします。
- 施策C：関心を引くことのできるチャンネルを作成し、滞在時間が増えるようにする。グルメやゲームなどといったライトなチャンネルを作成し、趣味や関心事の話題が絶えないように、コミュニティ内の会話を盛り上げるモデレーターが話題を振っていきます。

実際の運用体制と各役割が担うこと

先ほどのイベントの例をもとに、どのような役割と担当者が必要なのかを整理すると、下図のようになります。なお、この役割には上下関係があるわけではなく、上から順番にお客様（コミュニティメンバー）と近い存在になります。

コミュニティに必要な役割

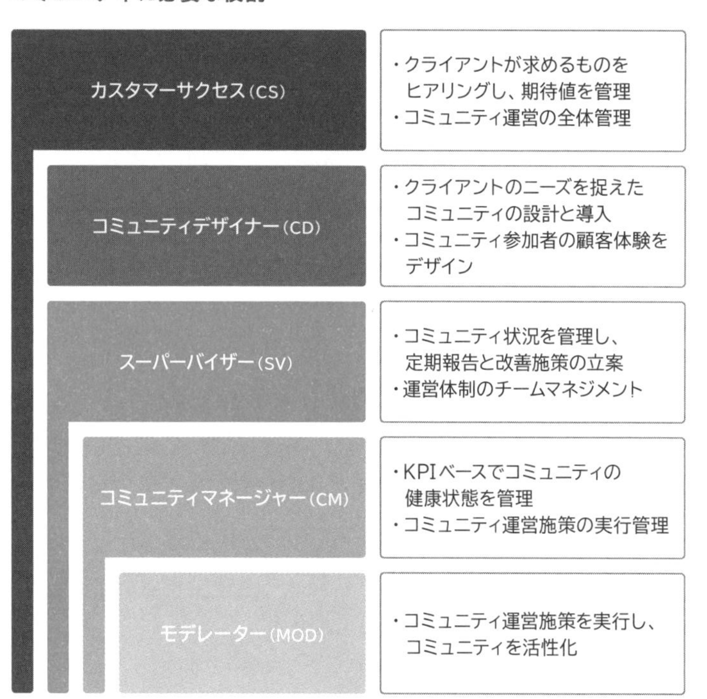

1：成功を定義する

まず、**カスタマーサクセス（CS）**がクライアントの求めるものをヒアリングし、クライアントにとっての成功の定義や期待値の確認を行います。

カスタマーサクセス（CS）が定義した成功を実現するため、コミュニティ活動の場を建築するのが**コミュニティデザイナー（CD）**です。ユーザーの導線やコンテンツの配置場所、健康状態を測る指標であるKPIを作成します。

2：成功と現状のギャップを把握する

コミュニティ運営が始まってからは、コミュニティデザイナー（CD）が作ったKPIを日々計測し健康状態を管理する人が必要です。これを**スーパーバイザー（SV）**が担うことで、成功と現状のギャップを把握します。

3：成功に近づけるためには何が必要かを考える

イベントの集客をするために、課題はどこにあるのか、どんな施策が適切なのかを考える必要があります。コミュニティの健康状態を数値で測るスーパーバイザー（SV）と、コミュニティの感情状態を把握する**コミュニティマネージャー（CM）**の二人三脚で解決していきます。

そもそもイベントに100名参加するという目標値が現実的でない場合、カスタマーサクセス（CS）がお客様と成功の定義を調整し期待値のすり合わせを行うこともあります。

4：施策を実行する

3の段階で、スーパーバイザー（SV）とコミュニティマネージャー（CM）が考えた施策を実行します。ここを担うのが**モデレーター（MOD）**の役割になります。施策が円滑に実行されるようコミュニティメンバーに対して細かなケアをし、施策を実行することでコミュニティメンバーがどのような反応をしているのか、1対1で向き合ってコミュニケーションをとっていきます。

このように、コミュニティ運営を円滑に行い、目的を達成するためには、大きく5つの役割が必要になります。

Section 3

役割ごとに必要な素養

Section1の小学校の例を思い出してみてください。人にはそれぞれ得意なことや好きなことがあります。本章で紹介したようなコミュニティ運営の役割においても、それぞれ得意に感じるものとそうでないものがあったのではないでしょうか？　コミュニティの規模にもよりますが、**1人でコミュニティを運営することは非常にハードルが高い**です。1つのコミュニティには、規模によりますが最低でも複数人のスタッフが関わるのがおすすめです。**5つの役割がありますが、人員に限りがある場合は兼任も問題ありません。**各役割に合った仲間を集め、円滑なコミュニティ運営を目指しましょう。

ここでは、カスタマーサクセス（CS）やコミュニティデザイナー（CD）といったコミュニティ運営の役割において、それぞれどのような素養を持つ人が向いているのかを紹介します。

カスタマーサクセス(CS)に必要な素養

期待値コントロール力

目標を明確にする力です。コミュニティメンバーの期待値を明らかにし、チーム内で共有し適切なアウトプットを提供することが必要なためです。

推進力

周囲を巻き込み物事を推し進め実行する力です。運用施策や課題解決を、チーム力によってスケジュール通り進行することが必要なためです。

伝達能力

事実や見解を整理し伝える力です。伝達能力が低いとコミュニケーションコストが増大し、コミュニティメンバーやコミュニティマネージャー(CM)との連携で問題を生じさせるリスクがあるためです。

向いているタイプの人

「社交的」「責任感が強い」「コミュニケーション能力が高い」

向いていないタイプの人

「論理的」「計画を立てるのが苦手」「冷たい」

■ コミュニティデザイナー（CD）に必要な素養

言語化力

要件を言語化できる力です。クライアントの要望などを変換し、現場に落とし込むことが必要なためです。

プロジェクト管理力

スケジュールを管理する力です。要件定義から構築まで関係者を巻き込みながら進行し、期日までに納品する必要があるためです。

仮説構築力

問題に対して仮説を立て検証する力です。単純に答えを出せない課題に対して仮説を立て、問題を解決していく必要があるためです。

向いているタイプの人

「ロジカル」「クリエイティブ」「洞察力がある」

向いていないタイプの人

「感覚的」「長く考えることが苦手」「ゴーイングマイウェイタイプ」

スーパーバイザー(SV)に必要な素養

情報整理能力

情報を効果的に整理し利用する力です。課題やKPIデータをチームが効果的に活用できるように整理整頓し常に最新化を行う必要があるためです。

データの整理・分析能力

データから洞察を生み出す力です。KPIデータをもとに知識データベースを活用し改善策などの洞察を導き出す必要があるためです。

伝達能力

事実や見解を整理し伝えられる力です。伝達能力が低いとコミュニケーションコストが増大し、コミュニティマネージャー(CM)との連携で問題を生じさせるリスクがあるためです。

向いているタイプの人

「目的意識が強い」「決断力がある」「視野が広い」

向いていないタイプの人

「即行動派」「直感を信じやすい」

■コミュニティマネージャー（CM）に必要な素養

共感力

人の状況や感情を理解する力です。他者の立場でどんな感情を抱くのかを想像し、運用施策の効果やコミュニティ全体の感情を把握する必要があるためです。

チームワーク力

信頼関係を築き協力体制を作る力です。チーム内で効果的に協力し、共通目標の達成を目指すことができるチームの構築が必要となるためです。

伝達能力

事実や見解を整理し伝えられる力です。伝達能力が低いとコミュニケーションコストが増大し、スーパーバイザー（SV）やモデレーター（MOD）との連携で問題が生じるリスクがあるためです。

向いているタイプの人

「リーダーシップがある」「共感力が高い」「世話好き」

向いていないタイプの人

「短期的」「チームワークが苦手」「柔軟性がない」

モデレーター（MOD）に必要な素養

共感力

CMと同様に**共感力**が求められます。コミュニ ティメンバーと近い存在なので、コミュニティメンバーに寄り添った細やかな設計スキルが必要なためです。

サポート力

他人を支えるために行動できる力です。コミュニティメンバーが心地よく活動できるよう支え、時には成長をも促すようなサポートが必要となるためです。

対応力

トラブルなどに対して柔軟に対応できる力です。トラブル、クレームが発生した時に感情的にならず、適切に判断し状況に応じた対応をする必要があるためです。

向いているタイプの人

「柔軟性がある」「人の気持ちに敏感」

向いていないタイプの人

「言葉がきつい」「独立的」「柔軟性がない」

コミュニティ運営は総力戦なので、さまざまな素養を持つ人たちが活躍できます。ミスマッチをなくすためにも、ここに書かれている素養を参考に、各役割を決めましょう。

この章のまとめ

□ コミュニティで高い事業成果を出すためには、様々な役割を持った人がいることが望ましい

□ カスタマーサクセス（CS）は、クライアントにとっての成功の定義や期待値の確認を行う役割

□ コミュニティデザイナー（CD）は、コミュニティ活動の場を建築する役割

□ スーパーバイザー（SV）は、KPIを日々計測し健康状態を管理する役割

□ コミュニティマネージャー（CM）は、コミュニティの感情状態を把握する役割

□ モデレーター（MOD）は、実際にコミュニティの運用施策を実施する役割

運営時の心得

Chapter 6

成果を出すための コミュニティ マネジメント

これまでの章ではコミュニティの構築に焦点を当ててきましたが、コミュニティを事業成果につなげるために重要なのはコミュニティの運営を開始し、実際に動き出してからとなります。コミュニティの箱だけを作ることは誰でもできます。肝心なのは成果につながる運営です。

Section 1

コミュニティ運営のハードル

コミュニティ運営に関して解説する前に、コミュニティが世間的にも注目されていることがわかる、ある調査結果をご覧ください。

コミュニティ形成に関する意識調査

2023年の末に、SNSマーケティングを実施しているメーカーのマーケティング担当者107名に「コミュニティ形成に関する意識調査」を実施しました。ここではその中の一部の調査結果を紹介します。

約8割が、事業成長を進めていくために「コミュニティ」の形成に「興味がある」と回答しており、理由としては「ユーザーの声が拾いやすくなるから」といった回答が最も多く上がっています。それと同時に、一度購入した人のリピートや顧客満足度の向上のためという声も上がっています。

コミュニティ形成に関する調査結果

Q1 今後、事業成長を進めるために「コミュニティ」の形成に興味はありますか？

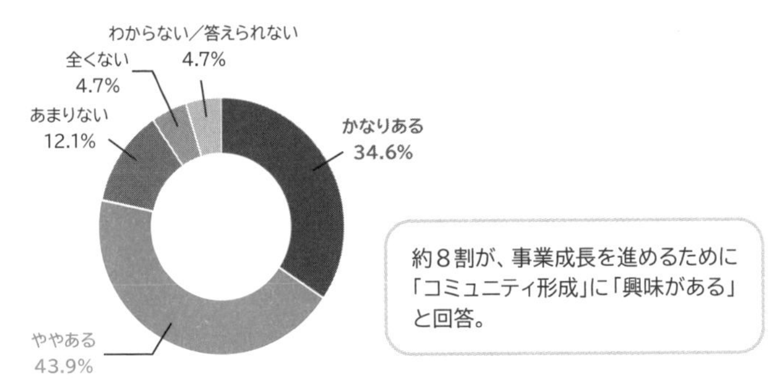

Q2 Q1で「かなりある」「ややある」と回答した方にお聞きします。コミュニティの形成に興味がある理由を教えてください。

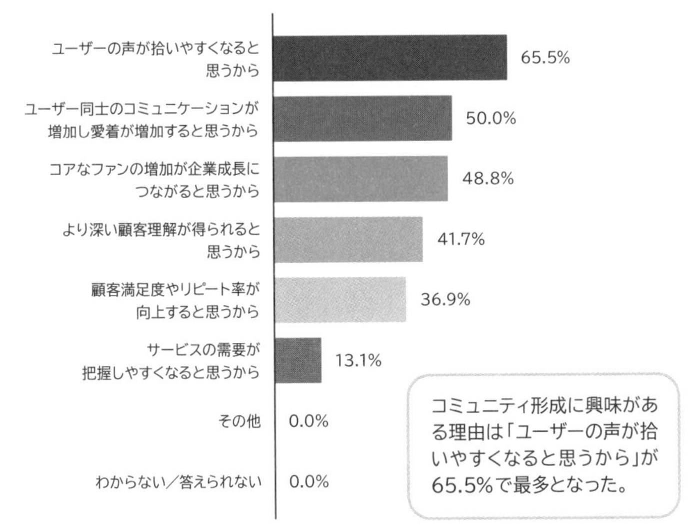

調査期間：2023年11月30日～同年12月2日
コミュニティ形成に関する意識調査
シンセカイテクノロジーズ調べ

この結果から、メーカーで実際にSNSマーケティングの現場を見ている人たちにとっても、コミュニティ形成の需要はかなり高いことがわかります。一方、筆者が実際にお客様と話していると、コミュニティを運営するまでにはいくつかのハードルが存在することも見受けられます。

その中でも多いのは、「LINEオープンチャットのトークルームやDiscordサーバーなど、コミュニティの箱を用意しても、運営を継続していくことが難しい」「炎上対策やユーザーとの距離感を図る手法など、コミュニティ運営のノウハウを持っている人が社内にいない」といった、コミュニティ運営に関するハードルです。

ただワイワイ会話が盛り上がるようなコミュニティでは事業成果につなげることも難しく、かといって数字と睨めっこの運営でうまくいかない…と悩んでいる方が多いです。

そこで本章では、コミュニティの運用で活用できる手法やコミュニティの事例について紹介します。

Section 2

成果を出すための運用施策①～サクセスジャーニーマップ

コミュニティはいくら外側を上手に作ったとしても、時間をかけてきちんとした運用を行わなければ成功しません。ここからはコミュニティ運営で重要な点について紹介します。まずは「サクセスジャーニーマップ」の作成です。

■ サクセスジャーニーマップの作成

良いコミュニティは一朝一夕では作れません。コミュニティの成長ステップを軸に、**成功への道しるべを「見える化」**するとよいでしょう。成長ステップに対して計画されているイベントや売上計画といった事業成果をプロットし、それに対してコミュニティ施策を検討することで大枠の戦略を描いていきます。これを表した図を、**サクセスジャーニーマップ**と呼びます。サクセスジャーニーマップに記載するコミュニティの成長ステップは、次のようになります。

ステップ0：初期構築

コミュニティ設計を行い、コミュニティの初期の形を作ります。

ステップ1：導入期

コミュニティのコンセプトに賛同してくれる仲間を集めます。

ステップ2：成長期

イベントの企画やコミュニティ内のアクティビティによって活性化を促します。

ステップ3：成熟期

育ったコミュニティに対して事業成果の達成を目指した活動として、商品購入を促したりUGCの発信をしたりといったアクションを実行します。

ステップ4：再生期

長い間運営していくとコミュニティの硬直化が始まります。新しいコンセプトの導入などで新規メンバーを獲得していき、コミュニティに新しい風を取り込みます。

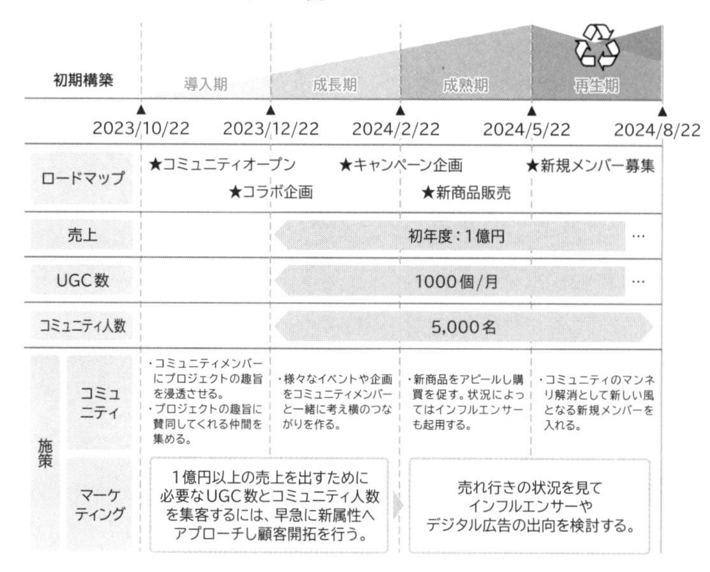

ステップ4の再生期は、**コミュニティを拡大させていくためにあえて設けているステップ**です。上図の中で、再生期がへこんでいるのは、成熟期を迎えたコミュニティにとって、**再生期が成長痛となるためです**。成熟期のコミュニティは、そこにいる人たち同士にとっては居心地がよく、コミュニティとして理想の状態ではあります。一方、新しく入ってくる人にとってはハードルの高さを感じてしまう面もあります。リアルのコミュニティでも、すでに関係ができているコミュニティに入っていくのは、少し緊張しますよね。この状態が続くとコミュニティの成長は頭打ちになります。そのため、**コミュニティの成長ステップを計画する際は、「再生期」を盛り込んでおく必要があるのです。**

■サクセスジャーニーマップの作成例

ここからは架空のコミュニティを例に、サクセスジャーニーマップを一緒に作ってみましょう。

あなたは、とある市町村で地方創生プロジェクトを担当しており、デジタルコミュニティを使ってそのプロジェクトを成功させるミッションを持っています。仮にA市としましょう。A市には歴史的建造物や伝統工芸品を目当てに訪れる観光客が多く、観光地としての魅力はみんなが知っています。しかし、A市の外に出てしまう若者も多いため人口は減少傾向にあります。そこで、一度街を訪れてくれた人が再び街に訪れてくれたり、ふるさと納税をしてくれたりといった**関係人口を増やすのがミッション**です。

ステップ0：初期構築

コミュニティ設計を行い、コミュニティの初期の形を作ります。

コミュニティメンバーにどのような行動をしてほしいのか、どのような会話や活動によってその行動を促すことができるのかについて考えます。

A市のプロジェクトで考えてみましょう。A市にとってはどのような行動をしてくれる人が増えるといいのでしょうか？

- **A市に観光しに来た時にいろいろなお店を訪れてお金を使ってくれる人**
- **A市にふるさと納税をしてくれる人**
- **A市の魅力を一緒に発信してくれる人**

こんな人たちが増えると、それを関係人口と呼ぶことができそうですね。

ただし、「遊びに来てください」「ふるさと納税をしてください」「SNSで発信してください」と言うだけでは、人は動きません。そのため、遊びに来たくなるようなお店の魅力や写真スポット、ふるさと納税の返礼品を使ったレシピ、つい人に言いたくなるようなご当地ならではの情報といったコンテンツを発信していくことにします。

しかし、ただ情報を受け取るだけでは観光サイトやSNSと同じになってしまうので、現地の人に直接観光の相談ができるような部屋（スレッド）を作ったり、A市を盛り上げるための共創活動ができるような部屋を用意したりします。現地の人のみが知る人気のお店の情報をGoogle MapsやNotionといったSaaSでストックする、離れていてもA市を盛り上げることができるようなお祭りを一緒に企画するなどのプロジェクトを進めることもできそうですね。

これにより現地に住んでいない人たちであっても、A市の一員としてコミュニティで活動し、よりA市に貢献したいという気持ちが醸成されます。このように、**どのような会話をしてもらうのか、コミュニティ内でどのようなことが実現できるといいのかを考えるのが、初期構築のステップ**です。これらを季節やイベントなどを考慮して、サクセスジャーニーマップに盛り込んでいきます。

ステップ1：導入期

コミュニティのコンセプトに賛同してくれる仲間を集めます。

A市を盛り上げるためのご当地情報やお祭りの企画など、コミュニティでどのようなことを実践していくといいのかが前のステップで決まったので、ここからは仲間集めです。ここではSNSなど集客ができるツールを用いて、コミュニティ内に人を集めていきます。「A市を盛り上げる」ことに共感してくれる人を集めるために、A市の魅力や現地の人たちの思いなどを存分に発信していきましょう。集客の規模によってはSNSのフォロワーが多いインフルエンサーを巻き込んだり、有料の広告を活用したりすることもあります。ポイントは、**プロジェクトに共感してくれる人の心にしっかり届く訴求を行うこと**です。どのような訴求をどんな媒体で行っていくのかをサクセスジャーニーマップに盛り込んでいきます。

ステップ2：成長期

イベントの企画やコミュニティ内のアクティビティによって活性化を促します。

仲間が集まったら、コミュニティをどんどん成長させていくための計画をサクセスジャーニーマップに盛り込みます。「初期構築」のステップで考えた内容を、より具体的に記入しましょう。

ステップ3：成熟期

育ったコミュニティに対して事業成果の達成を目指した活動として、購入を促したりUGCの発信をしたりといったアクションを実行していきます。

成熟期にはコミュニティの目標を達成する必要があります。 A市の場合は関係人口を増やすことが大きなゴールなので、関係人口の目標数値などを記入していきます。そのためにどのような施策が必要になるのか、具体的に必要となりそうなアクションを盛り込みます。より発信を促すためのキャンペーン企画やオフラインイベントなどを実行することも効果的です。

ステップ4：再生期

長い間運営してきたコミュニティの硬直化が始まります。新しいコンセプトの導入などで新規メンバーを獲得していき、コミュニティに新しい風を取り込みます。

さて、成熟期を迎えるとコミュニティの拡大がしづらくなることはお伝えしましたよね。新しい人たちが入りやすくなるような計画もサクセスジャーニーマップに入れ込んでいきましょう。近くの市と共同で何かを開催することで人を循環させたり、コミュニティ内でメインとする活動に変化をつけたりするなどして、新しい人が入りやすくなるような施策を記入していきます。

これでサクセスジャーニーマップは完成です。運用を進めていく中でコミュニティの状態を見て、施策の時期や内容の調整は必要になります。しかし、目先の数字や状況に踊らされずに大きな目標を達成するためにも、サクセスジャーニーマップは常に運営メンバーで共有しておくことをおすすめします。

Section 3

成果を出すための運用施策②～コミュニティの健康状態の診断

コミュニティは生き物です。常に健康状態をチェックし、必要に応じて改善を図っていきましょう。コミュニティKPIの数値を日次で確認し変化しているところを注視し、改善の検討などを行っていきます。

新機能のリリース、イベントの開催、SNSの盛り上がりなどでKPIは変動します。そのため、P.87で紹介したKPIをまとめた表などを作り、チェックできるようにしておくとよいでしょう。

特に注意するポイントは、次のような点です。

- **イベントやキャンペーンなど人が多く入ってくることが予想されるタイミングでのメンバー増減推移。想像していたよりも少ない場合は原因を探る必要があります。事前に目星をつけた数字とどのくらい差分があるのかわかるようにしておきましょう**
- **数字が停滞、減少しているKPIがどこなのか。停滞、減少している場合は、コミュニティがマンネリ化していたり、新しく入ってくれた人が会話をしにくくなっていたりする可能性があります。コミュニティ内でメリハリをつけられ**

るようなイベントの開催や、新しいチャンネルを増設するなどの施策が打てるように注視しましょう

KPIを整理して健康状態を把握する

KPIの項目と説明

主要なKPI

メインKPI

	KPI	説明	4月1日	4月2日	4月3日
オンボーディングスコア					
	インフォメーションエリア到達率	インフォメーションエリア到達人数÷総コミュニティメンバー数	84%	84%	84%
	アクティビティエリア到達率	アクティビティエリア到達人数÷インフォメーションエリア到達人数	7%	7%	7%
	ロイヤリティエリア到達率	ロイヤリティエリア到達人数÷アクティビティエリア到達人数	0%	0%	0%
アクティブスコア					
	継続率	7日間以内に1度でもコミュニティに来た人数÷総コミュニティメンバー数	56%	52%	48%
	DAU/MAU比率	DAU÷MAU	2%	2%	2%
	アクション率	7日間以内でリアクション、メッセージなどの行動をとった人÷総コミュニティメンバー数	15%	15%	15%
ロイヤルスコア					
	KOC率	KOC人数 ÷総コミュニティメンバー数	0%	0%	0%
	プロモーションユーザー率	招待行動実施人数÷総コミュニティメンバー数	0%	0%	0%
	貢献活動参加率	貢献活動実施人数÷総コミュニティメンバー数	–	–	–

詳細なKPIを基に
メインのKPIを算出

詳細なKPI

サブKPI

No.	項目	説明	4月1日	4月2日	4月3日
1	総コミュニティメンバー数		6,239	6,249	6,256
2	新規コミュニティメンバー数		11	10	7
3	退会者数		4	2	2
4	DAU	1日のアクティブユーザー	1,045	1,030	1,043
5	MAU	前月のアクティブユーザー	47,127	42,127	42,127
6	インフォメーションエリア到達人数		5,212	5,216	5,251
7	アクティビティエリア到達人数		339	342	343
8	ロイヤリティエリア到達人数		0	0	0
9	KOC人数		0	0	0

また、運用で発生する課題をリスト化し管理していくとよいでしょう。コミュニティの運営は長期にわたることが多く、様々な課題や問題が発生します。その対応一つ一つがコミュニティメンバーの気持ちにつながりますので、ないがしろにせず、きちんと対応していく必要があります。ここでは課題一覧のつくり方の例を紹介しましょう。

課題No	分類	重要度	ステータス	課題	原因分析	対応方針	対応状況	担当者	期限
#001	オンボーディング	中	対応中	…	…	…	…	担当者A	02/19
#002	アクティブ	低	未着手	…	…	…	…	担当者B	02/19
#003	アクティブ	中	完了	…	…	…	…	担当者A	02/24
#004	アクティブ	中	保留	…	…	…	…	担当者A	02/29
#005	アクティブ	中	対応中	…	…	…	…	担当者B	03/05

メンバーからの課題や意見	【現状】対話不要のアラートが多い 【あるべき姿】対話が必要なものだけ個別返信利用 【原因分析】意見、要望などテンプレ対応可能なものまで個別返信対応の設計だったので、対話不要のものはフォーム処理などへ変更	①シートに意見の吸い上げ（MOD） ②公式Discordご意見の修正(担当者D) ・要望（フォーム）と報告（チケット）を分けて管理 ③運用変更アナウンス（担当者E） ④順次クローズ（MOD）	①②対応済み ③の準備中

まず、「分類」としてコミュニティのどのエリアで発生したかを記載しましょう。発生している場所によって対処法などが変わってきます。

続いて、対応順序に影響する優先度を指定してください。たとえば、次のような優先度の付け方が考えられます。

- 優先度：高→**対処しなければコミュニティ活動が満足に行えない課題**
- 優先度：中→**回避することでコミュニティ活動が実施できる課題**
- 優先度：低→**高と中に該当しない課題**

課題に対しては、きちんと原因分析をすることをお勧めします。**【現状】【あるべき姿】【原因分析】として分析ステップを定めておくことで対応のブレを防ぎます。**まずは【現状】を細かく把握しましょう。それに対して【あるべき姿】を整理します。【現状】と【あるべき姿】の差分を明らかにし、それに対して【原因分析】を行ってください。おのずと適切な対応方針が見えてきます。対応方針が出れば期限までに課題対応を進めていくといった流れになります。

Section 4

成果を出すための運用施策③ ～KOCの醸成

コミュニティが活性化するとコミュニティ活動を「生きがい」にまでアップデートさせ活躍するファンが現れます。SNSではインフルエンサーをKOL (Key Opinions Leader) と言いますが、影響力のある顧客であるKOC (Key Opinions Customer) はコミュニティに活性をもたらしてくれます。

KOCがコミュニティにもたらす良い影響には、次のようなものもあります。

- **KOCとコミュニケーションをとることがメンバーの日課となりコミュニティに足を運ぶ習慣ができる**
- **KOCによるSNS発信から新たなコミュニティメンバーが増える**
- **KOCの発信を見るためにコミュニティを訪れるメンバーが増える**
- **SNSでいうインフルエンサーではないのでメンバーと距離が近い**
- **素行の悪いコミュニティメンバーに対して運営側から指摘をすると角が立つ場合もあるが、KOCがたしなめることで穏便に対処できる**

Chapter1でも述べたように、事業成果を高めるには、KOCをいかに醸成するかが重要です。そして、KOCを醸成するにはいくつか方法があります。

大前提として、「生きがい」に感じるほど魅力のある製品やコンテンツを企業が持っていることが重要ではあります。しかし、人には共通する心理的特性があります。人が群れで行動する時には自然とリーダーが生まれたり、一度コミットした対象に対して愛着を感じやすくなったりするといった性質があります。この性質をうまく使うことが、KOCの醸成につながります。KOCを醸成するには、次の2つのポイントがあります。

KOCを醸成するポイント1

KOCを醸成する1つ目のポイントは、**コミュニティの中で小さなグループをいくつも作ること**です。

大きな教室のど真ん中で発言できる話題や人は限られますよね。しかし、部室や共通の趣味がある友達とのお昼ご飯ではどうでしょう。普段おとなしい人でも共通の話題があると、会話が弾むのではないでしょうか。それは、コミュニティも同じです。**コミュニティの中で趣味について話せる部屋や、共通の何かを持つグルーピングを行うことが、KOCを作るには有効**です。たとえ少人数であっても、自然とその群れの中でリーダー的な存在が生まれます。大人になってからの飲み会も、誰かが率先してお店を予約してくれたりメンバーに声をかけてくれたりする人が必ずいるから、開催されますよね。この本を手にしているあなた自身も、ここのコミュニティだとおとなしくしているけど、別のコミュニティだと仕切り役になることが多い、なんて感じることがあるのではないでしょうか。

このように、**小さなコミュニティにおけるリーダー役を、何人も作っていくことがKOCの醸成に有効**です。より後押しをするために「○○リーダー」「○○部の部長」などの肩書きを運営側が与えてあげると、コミュニティメンバーから親しみを持ってもらいやすくなるので、非常に効果があります。

KOCを醸成するポイント2

KOCを醸成する2つ目のポイントは、**余白の設計**です。

コミュニティはみんなで作るものです。同じ学年で同じことを学んでいても1組と3組は全く違う雰囲気の集団、ということがありませんでしたか？　そのような集団の違いや特性を作っていくのが「余白」です。

コミュニティを設計する時に大切にすることの1つに「ガチガチに作りすぎない」というのがあります。余白をあえて設けることで、「みんなでこういうことをしてみない？」「これってこうしたらいいのでは？」などと自発的に言わせるようにあえて仕掛けるのです。

たとえば趣味の部屋を作る場合、あえて1つ、2つと少なく設定しておきます。それとは別に「趣味部屋募集」というようなチャンネルも作っておくのです。**そうすることで余白が生まれ、メンバー内から「ほかの意見」を募ることができます。**

また、Discordなどで活用できるコミュニティ独自のスタンプや絵文字も、最初は最小限にしておきます。そして「こういうスタンプが欲しい！」とか、誰かが書いたイラストなどを「これを絵文字にしない？」と言わせるように、モデレーターがコミュニケーションをとるのです。人には「相互作用の法則」と言われるものがあり、自分がした発言や行動に感謝をされたり、意見が反映されたりすることでよりその対象（ここではコミュニティ）への愛着が醸成されると言われています。1つ前のポイントとも重複しますが、**意見を言ってくれたり貢献をしてくれたりする人に特別な肩書きを与えていくこと**も、KOCの醸成に効果があります。

Section 5

そのほかのコミュニティの運用施策

コミュニティを活性化するには、コミュニティメンバーを楽しませる運用施策の実行が必要です。施策の内容によってさまざまな効果があるので、具体例を紹介していきましょう。ここまでにご紹介した運用施策と多少重複しますが、より具体的な例を見せているので、参考にしてください。なお、具体例はコミュニティグロースモデル（P.69参照）のステップごとに紹介します。

■ オンボーディングに有効な運用施策

ステップチュートリアルを設ける

新しく参加したメンバーに対して、コミュニティの説明やチュートリアルを複数のステップに分けて、オンボーディング（オリエンテーション）を進めていく施策です。コミュニティに入ったばかりのメンバーが「まず何をやったらいいかわからない」状態になることを防ぎ、**コミュニティへの最初の定着に効果的**です。

ゲームのチュートリアルのように奥に入っていく

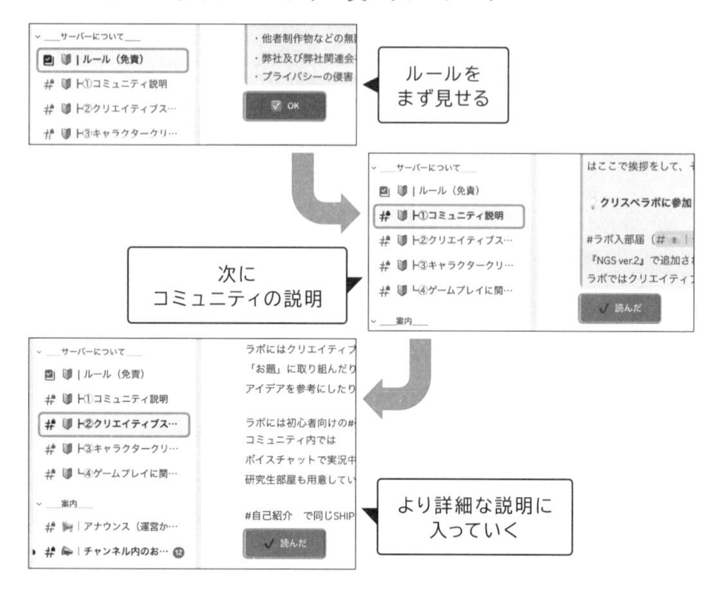

エンタメ要素があるスレッド設計

　コミュニティのテーマに関連する空間を連想させるような、スレッド設計にする施策です。実際にその空間にいる感覚になる没入感や、コミュニティのオリジナル性を作ることができるので、**コミュニティメンバーのわくわく感を醸成させ、コミュニティに定着させる効果**があります。たとえば、「学校」「寮」「シェアオフィス」「特定の街」など、実在する空間や建物に見立てることで、想像力を掻き立てやすくなります。

ナビキャラの設置

新しく入ったメンバーをサポートする「ウェルカムサポーター」にキャラクター性を持たせます。ゲームのチュートリアルでもナビキャラが案内をしてくれたり、教えてくれたりすることは多いですよね。写真の例はボット（人ではなく、自動応答をするソフトウェア）ですが、アイコンや名前、口調などにキャラクター性を持たせることで、コミュニティへの愛着が湧きやすくなる効果があります。また、「人」ではなく「キャラクター」であることで質問がしやすくなったり、コミュニケーションのハードルが下がったりする効果があります。コミュニティに合わせたキャラクターを設計することがポイントです。

ナビキャラの例

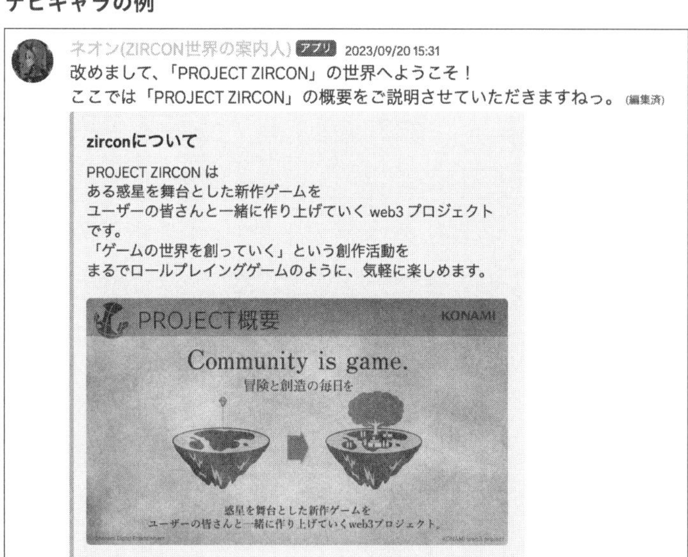

アクティブ化に効く運用施策

インセンティブポイントの付与

コミュニティに貢献したメンバーに対して、ポイントが付与される仕組みを作ります。ただ単にポイント制度を導入するのでなく、運営側が嬉しいとする行動でポイントが得られるようにすることが重要です。

注意点としては、金銭的価値を持ったものではなく**コミュニティ内でもらえるポイント**にしておく必要があります。換金性が高いものや1ポイントあたりの料金が高額なものは、それを目当てにポイントをハックする悪質なユーザーが増えてしまったり、思いもよらない悪影響が出てしまったりすることがあるので、避けることをおすすめします。

「チーム対抗戦」イベントの実施

小学校の運動会や、部活対抗のリレー大会などによって、一気に仲間意識が高まったと実感したことはありませんか？

コミュニティも同じで、イベントで仲間意識を高めることができます。たとえば、勝敗がつくようなイベントに合わせて、**「Guild VS Guild」イベントとして実行し、メンバー同士の対立状況をあえて作るという施策があります**。「ギルド」とはチームやグループと同じような意味で、中長期的に変わらないチームの場合もあれば、イベントなどに合わせて一時的にチームを作ることもあります。たとえばスポーツサポーターのコミュニティなら、実際のサッカーの試合に合わせて、どちらのチームが勝つのか？でチーム分けを行ったり、出身の都道府県別でチームを作ってコミュニティ内のイベントで競わせたりするなどの方法があります。ギルドという小さなコミュニティの中で同じ方向を目指すことで一体感が生まれやすく、その後のコミュニティ活性化にも効果があります。

診断コンテンツの設置

コミュニティのテーマに合わせた診断コンテンツを作成します。ダイエット系のコミュニティであれば骨格診断や、近年Z世代を中心に流行している性格診断（MBTI診断）など、コミュニティに合わせた診断コンテンツを用意することで、**コミュニティ内のストーリーが作りやすくなります。**診断結果をもとにしたUGCの生成を促したり、診断結果別のロールをつけたりすることなどによって、コミュニティ内での話題作りにもなります。また、お互いがどういう人かを知るきっかけにもなり、コミュニティのアクティブ化が進みます。

ロイヤル化に効く運用施策

限定スレッドの設置

特定の権利を持っている人しか見ることができないエリアを作ります。何かしらのアクションによって権限が付与された際、**承認欲求が満たされ所属意識が高まる効果がある**ためです。より限定され、コミュニティにとって重要だと認識されるスレッドの場合は特にステータス性を感じることができ、さらなる貢献をしたいと感じてくれるはずです。

本エリアは、限定的なお得情報や、他の人よりも早く情報を知れるなどメリットのあるチャンネルにすることもあれば、よりコアなファンの間でディープな会話をできる空間にする、○○ポイント以上持っている人が参加できるなどとすることもあります。たとえばゲームコミュニティの場合は一定以上のレベルに達しているメンバーのみが入れるようにすることで、普段オープンな場所では話しにくいマニアックな会話を存分にでき、特別な所属意識を醸成することができます。

次の図は、アイドルコミュニティにおけるチャンネルで、通常は1階のチャンネルで会話するが、特定の条件で2階のチャンネルに参加できる例になります。

アイドルコミュニティにおける限定スレッドの例

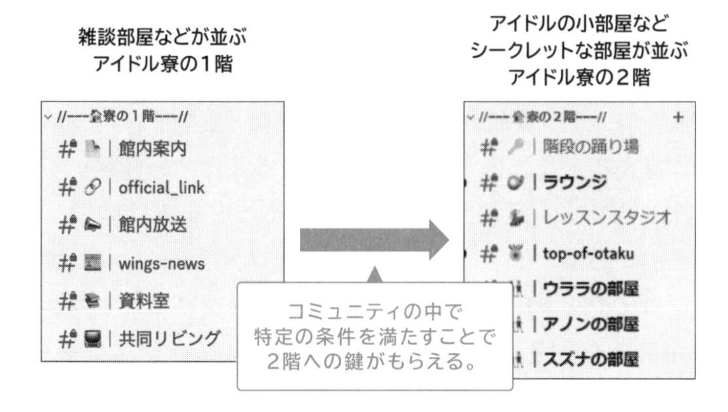

クリエイターファンアートの作成

コミュニティのテーマに合わせた**ファンアート**をクリエイターに作ってもらう施策です。クリエイターにとっては自分の作品を世に広めるチャンスになり、コミュニティメンバーにとっては会話のきっかけになるので、一体感が増します。

コミュニティの中でファンアートを作れる人がいる場合は、その人に作ってもらうこともおすすめです。また、ライトに参加できる人を増やす目的で、コミュニティのテーマを学習させた生成AIモデル（画像生成AIのLoRAなどを用いたもの）を作り、誰でもファンアートが作れるような状態を作ることも効果的です。

作成したファンアートはアイコンに使ったり、オフラインのイベントがあればその時のグッズや展示に活用したりするなど、そのコミュニティならではの楽しみにつなげられます。

コミュニティ検定の設置

コミュニティのテーマにちなんだ検定コンテンツを作る施策です。IP（知的財産）やゲームを題材にしたコミュニティなら、コンテンツに合わせた知識検定などをコミュニティ内で作ります。これをメンバーで作成することで一体感も高まります。また、新しく入ったメンバーにとってはコミュニティ内にあるコンテンツを理解するきっかけにもつながるため、**ロイヤル率だけでなく、オンボーディング率にも副次的な効果をもたらします。**検定に関する投稿がSNSで増え、よりコミュニティのことを学ぼうという意識が醸成されるので、ファン化を促すことが可能です。

本セクションに掲載した施策は、どのようなコミュニティでも活用することができます。そのため、サクセスジャーニーマップ（P.143参照）において、どのステップでどのような運営施策を行うとよさそうか考えてみるとよいでしょう。ぜひ参考にしてみてください。

Section 6

企業のコミュニティ導入事例

本章の最後に、我々シンセカイテクノロジーズで実際にコミュニティを支援しているクライアントの事例の一部を紹介しましょう。コミュニティ運営の参考にしてみてください。

PROJECT ZIRCON（KONAMI）

コミュニティの運営企業

株式会社コナミデジタルエンタテインメント

コミュニティの概要

ゲーム会社の新規事業の一環として、NFT（デジタル空間で唯一無二を担保するデジタルデータ）を使って顧客とファンタジー世界「ZIRCON」を共に作り上げるプロジェクトです。Discordを用いたコミュニティであり、顧客が共創に参加することができます。

PROJECT ZIRCON

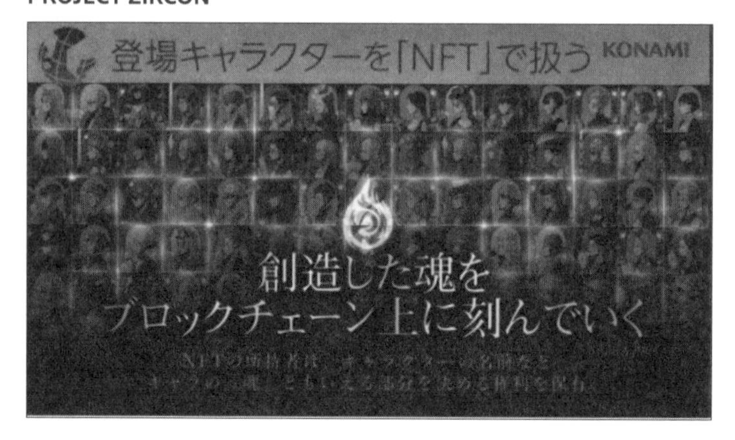

オンボーディングの運営施策～ナビキャラ

新しく入ったメンバーをサポートする「ウェルカムサポーター」にキャラクター性を持たせる施策です。本プロジェクトは実在しないファンタジー世界がテーマなので、ファンタジー世界に登場する人物として「ネオン」というキャラクターを作りました。ネオンという名前もコミュニティの中から投票で決まったこともあって愛着を持たれており、ネオンのファンアートを作る人たちも出てきました。

ナビキャラの施策例

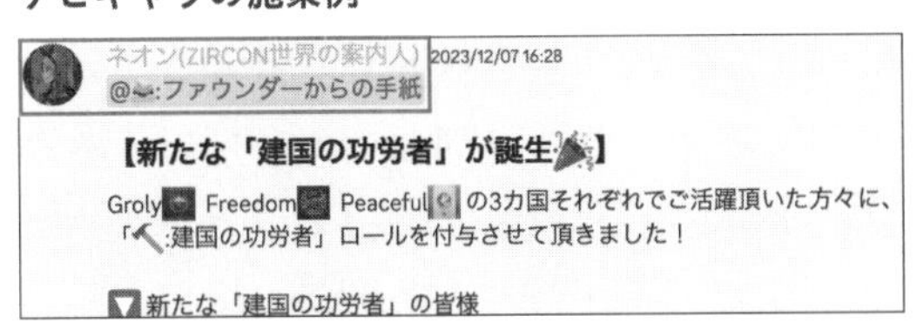
ネオン(ZIRCON世界の案内人) 2023/12/07 16:28
@:ファウンダーからの手紙
【新たな「建国の功労者」が誕生】
Groly Freedom Peaceful の3カ国それぞれでご活躍頂いた方々に、
「:建国の功労者」ロールを付与させて頂きました！
新たな「建国の功労者」の皆様

おにぎり 2023/09/27 16:08
WELCOME to ZIRCON
5
5
5
Shiro ZIRCON Founder 2023/09/27 16:20
いいですね~！！！！
1
Kuro ZIRCON Founder 2023/09/27 20:40
カワイイ

アクティブ化の運営施策①〜インセンティブポイント

コミュニティに貢献したメンバーに対して、ポイントが付与される仕組みを導入しました。「ジルコイン」という名称でインセンティブポイントを設計し、コミュニティ内の施策として取り組んでいます。「国作り」がテーマのプロジェクトなので、議論に参加したり、ファンアートや映像作品などを作ったりすることでポイントがもらえます。定常化されたポイントだけでなく、運営側が称賛したい！と思った人へ特別にポイントを渡すこともあります。人は「この仕事をしたらいくらもらえる」という仕組みだけではなく、**サプライズ的に報酬が与えられることでよりモチベーションが高まる**という傾向があるので、この点をうまく活用した施策です。

ポイントをもらうことで特別なロール（肩書き）が手に入ったり、限定のNFTを手にいれたりすることが可能になっています。

インセンティブポイントの施策例

〜交換アイテム一覧表〜

アイテム	必要ジルコイン	備考
ロール（英雄の子孫）	1000ジルコイン	ZIRCON世界の内外で絶大な尊敬を受けます
公式作成キャラクターNFT	500ジルコイン	交換は先着順です。交換可能キャラクターは追加されることがあります
好きなパーツを選べるキャラクターNFT	500ジルコイン	先着10名様限定です
ロール（革のコイン袋：レベル+1）	250ジルコイン	レベルが3になると特別なチャンネルに入れます また「コイン袋」NFTがもらえます
"ある画家の絵"NFT（レプリカ）	200ジルコイン	「本物」NFTが今後出る可能性があります
ロール（革のコイン袋：レベル+1）	50ジルコイン	レベルが2になるとロールの色が変わります
○○国の住民票（他国移住）	20ジルコイン	元の国に戻るには再度購入が必要です

アクティブ化の運営施策②～Guild VS Guild

PROJECT ZIRCONは架空のファンタジー世界で、今回は4つの架空の国がテーマになっていました。このプロジェクトでいう「ギルド」はどの国に所属するかで決まります。コミュニティメンバーはどの国に所属するかを最初に選択し、国の住人として国旗作りに参加したり、国としての意思決定に参加したりすることができます。

国同士でどのような意思決定をするか？　など定期的にお題があり、これに参加してRPGの世界観をリアルに楽しむことが可能です。

Guild VS Guildイベントの施策例

ネオン(ZIRCON世界の案内人) 2024/02/09 15:21
@:ファウンダーからの手紙

1 コミュニティゲーム更新！

各国に新たなお題が出されました！ **2月21日(水)までに**各国の選択を決めてください！
| braveの選択 # | gloryの選択 # | freedomの選択 # | peacefulの選択
*自国以外のチャンネルには遷移できません

✅今回のお題の流れ
①国内で同盟を結びたい国を決めてください

②対象国と交渉し、お互いの合意が得られれば同盟成立となります
(外交チャンネルやvcの設置が必要な場合は運営人にご連絡ください)

③どんな協力関係が気づけるかまで決まると理想的です！

④期日までにZIRCON世界の語り部に呼びかけてください

ロイヤル化の運営施策〜コミュニティ検定

コミュニティのテーマにちなんだ検定コンテンツを作ります。コミュニティ内で議論を重ねながら積み上げてきたことを「世界史」として、〇×クイズを作っていきます。このクイズをクリアすることで、NFTをランダムでもらえます。コミュニティメンバーにとってもコミュニティの理解が深まり、これまでの歴史を知ることで愛着が増すようになります。

コミュニティ検定の施策例

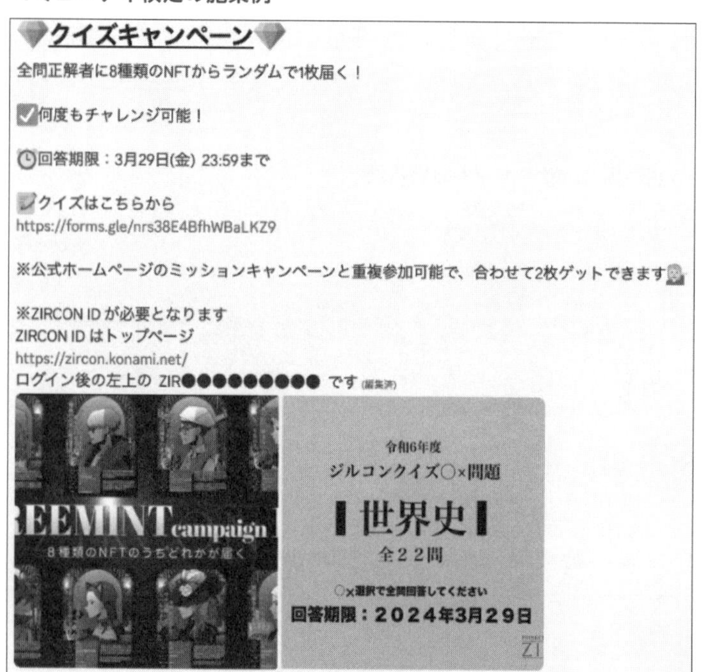

クライアントの声

自分にとってほぼ経験のない「コミュニティ運営」という分野でしたが、大きな予算をかけたマーケティングとはまた異なる手法でファンを増やすことができるということを進行形で体感しています。

優秀な運営メンバーをアサインすることで初期から上手くコミュニティが回ったり、日々実施する施策のブレストや実行を真摯に対応したりすることが、コミュニティプロジェクトの盛り上がりに大きく寄与するということを実感しています。最初はサービスにおいてコミュニティというものがどのような影響をもたらすのか未知数な部分もありましたが、取り入れてみて熱量の高いファンを育成することに役立つことを痛感し、今後コミュニティがさらに大きくなり、「コミュニティメンバー主導でプロジェクトが進む」というこれまでにないことが本当に実現できる感触が得られ始めています。

PROJECT ZIRCON ファウンダー／プロデューサー Shiro

■ PSO2 ニュージェネシス（セガ）

コミュニティの運営企業

株式会社セガ

コミュニティの概要

国内最大級のオンラインRPGシリーズ最新作である「PSO2 ニュージェネシス」のコミュニティです。ゲームの攻略方法やクリエイティブスペース（ゲーム内の新機能）の遊び方などを共有し合ったり、一緒にゲームで遊ぶ友達を作ったりすることができます。

PSO2 ニュージェネシス

オンボーディングの運営施策～ステップチュートリアル

P.159のように、新しく参加したメンバーに対して、チュートリアルを複数のステップに分けてオンボーディングしていく施策です。本タイトルは歴史もあり、長く愛されている作品ではありますが、クライアントには、クリエイティブスペースで遊んでくれる方をさらに増やしたいという思いがありました。コミュニティに入ってくるのはすでに当ゲームで遊んでいる人がほとんどですが、冒頭のチュートリアルで新機能の説明を丁寧にすることで啓蒙をできるようにしています。

アクティブ化の運営施策～クラブ申請制度

当ゲームはメインストーリーの他にさまざまな楽しみ方が出来るプレイ要素があります。ユーザーはDiscord内で同じ楽しみ方をしている仲間を集めてクラブ申請を行い、同じロールが付与された仲間とのDiscord機能（メンション/VC等）を活用した深くてスムーズなコミュニケーションが可能になります。そのことは、よりゲームを楽しむきっかけにも繋がっています。

サーバー別チャンネルイベントの施策例

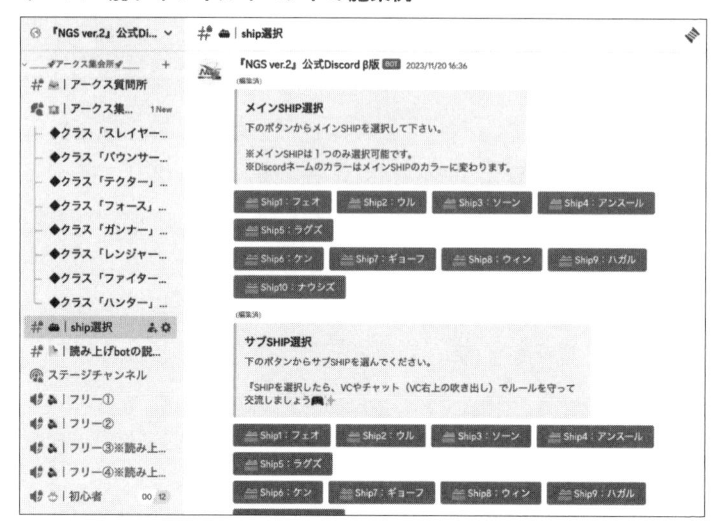

ロイヤル化の運営施策〜限定スレッド

特定の権利を持っている人しか見ることができないエリアを作る施策です。ゲームの中でもパーツを組み合わせることでオリジナルの空間を作れる「クリエイティブスペース」に特化した人たち専用の部屋を作っています。初心者の方をサポートする部屋は別に設け、すでに遊んでいる人たち限定のロールを取得することでこの部屋で会話することが可能です。この中では自由にフォーラム（会話トピックごとの部屋のようなもの）を立ち上げることができ、よりマニアックな会話を楽しむことができます。

クライアントの声

『PSO』シリーズは12年、『PSO2 ニュージェネシス』となって3年のサービスなのですが、多くのお客様に楽しんでいただいている中、より深く楽しんでいただくために、お客様同士でコミュニケーションが取れる場所を提供できないかと、プレイヤー自身でコンテンツを作成する「クリエイティブスペース」という機能を実装しました。そのタイミングで、さらにお客様に楽しんでいただく施策ができないか…と検討したことがきっかけとなりコミュニティを立ち上げました。

検討当時、コミュニティツールとして、Discordが候補として挙がりました。Discordはグローバルではメジャーなコミュニティツールの1つでしたが、日本においては、その時はまだ使われている方も限定的で、その知見も自社の中にはほぼありませんでした。

そうしたなか、シンセカイテクノロジーズさんとお話をしていき、その運用ノウハウと、運用に適した人材発掘力などが我々のニーズの実現に近づけるものと思い、運用をお任せすることとなりました。

現在では安定した運用ができており、モデレーターのみなさんも積極的な企画提案などコミュニティを盛り上げようとするモチベーションも高く、参加者の皆様のご意見も取り入れながら改善を続けるなど活発なコミュニティの場になっています。コミュニティを取り入れたことでユーザーとさらに深いコミュニケーションをとることができ、様々なマーケティングの中でも、お客様の満足度を高めるチャネルの1つになっていると思います。

NFT IDOL HOUSE（日本テレビ）

コミュニティの運営企業

日本テレビ放送網株式会社

コミュニティの概要

ガールズバンド「SILENT SIREN」メンバーのすぅがプロデュースする、アイドルグループ「Fuhua」のファンコミュニティです。NFTを所有することでメンバーとコミュニケーションをとることができます。

NFT IDOL HOUSE

オンボーディングの運営施策～エンタメスレッド設計

コミュニティのテーマに関連する空間を連想させるようなスレッド設計をすることで、没入感を高めます。アイドルのコミュニティなので、「寮」に見立てたチャンネル名の設計にすることで、実際にアイドルと生活を共にしているような没入感を覚えてもらうことが可能です。寮なので、ここではアイドルに「おかえり～」とコメントをしていきます。遠い存在のようなアイドルを「迎え入れる」という雰囲気を醸成することで、アイドルにとって居心地のいいコミュニケーションを促進する効果にもつながります。

エンタメスレッド設計の例

アクティブ化の運営施策〜イベントの企画実行

　定期的なコンサートにおけるコーナー企画をコミュニティメンバーが考えたり、メンバーの誕生日に向けた企画やサプライズを一緒に考えたりできるようにします。1つの目指すものが直近で定期的にあることで一体感を作りやすく、能動的に活動してくれる人の醸成を促すことができます。実際にコミュニティの中でアイデアが出た企画をコンサートの中で実行するなど、双方向性を感じられる瞬間をいくつも作ることでその後のロイヤル化、コミュニティへの定着にも効果があります。

イベントの例

メンバーの誕生日に向けた企画例

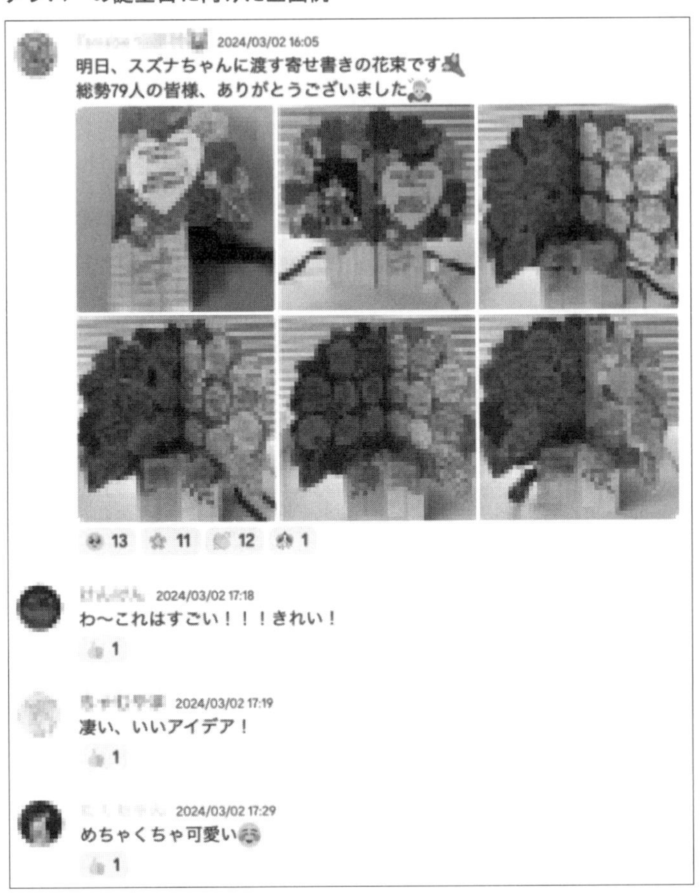

ロイヤル化の運営施策〜クリエイターファンアート

コミュニティのテーマに合わせたファンアートをクリエイターさんに作ってもらう施策です。このプロジェクトはアイドルを応援するNFTプロジェクトなので、自分の「推し」をファンアートとして描いてもらうことができます。SNSなどで拡散することでアイドル自身の応援にもつながりますし、ファン同士のコミュニケーションも活発になるメリットがあります。

クリエイターファンアートの例

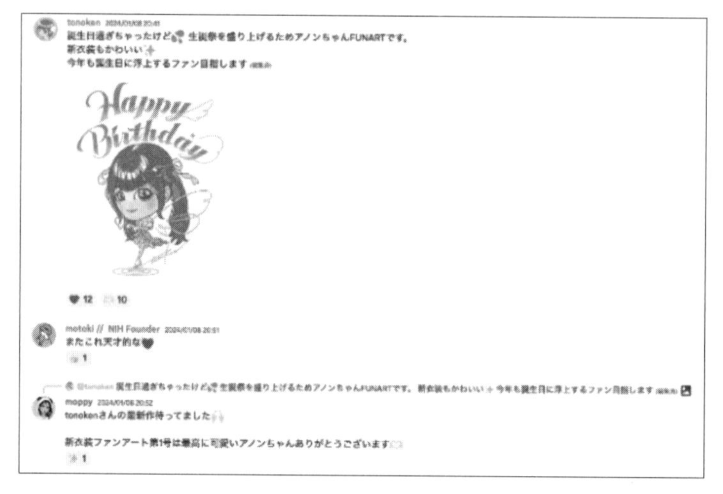

クライアントの声

NFT IDOL HOUSEというプロジェクトは「NFT保有者を中心とするファンのコミュニティでアイドルを1から育てていく」というコンセプトの企画です。これまでのアイドルと異なり、会えるだけ、握手ができるだけ…というだけではなく、運営部分にまで関わることのできる、まさにWeb3型の新しいアイドルIPモデルです。運営と運営側が作ったものを受け取るファンという二項対立的な構図ではなく運営と一緒になってアイドルを育てていく、運営とファンが同じ方向を向いた「共創」型のファンコミュニティ企画です。

だからこそ、既存のアイドルにNFTやコミュニティ要素を後付けするのではなく、上記のコンセプトで1からアイドルを募集し、オーディション段階からDiscordコミュニティを走らせてきました。定期公演におけるコーナー企画をはじめ、様々な要素にコミュニティが関われるように設計し、ファンアートの商用利用許諾など、Web3の文化に親和的な施策を行いました。「余白」のある主体性の出せるコミュニティこそ、コンテンツへの熱量を増幅させる鍵だと思っています。NFTを発行することで、ファンの証明やアイドルへの愛着をブロックチェーンに刻みながら、「推し活3.0」へのアップデートを掲げ、トップダウンではなくボトムアップの、新しい共創型IPの構築を模索しています。

COLUMN AIを活用したコミュニティマネジメントの未来

昨今のAI（人工知能）は、以前にも増して、よりさまざまなことができるようになっており、チャットボットや、イラストや動画などを生成するAIなどがあります。このように便利なAIをコミュニティマネジメントに活用するのはとても自然な流れだと言えます。また、コミュニティツールは基本的にテキストチャットでのやりとりなのでAIツールではChatGPTがとても相性がよいです。
コミュニティマネジメントにおけるAIの活用ポイントは以下のようなものが挙げられるでしょう。

・AIモデレーター

コミュニケーションの活性としてメンバー同士の会話をうまく回すAIモデレーターです。システム的な即時返答では味気ないのと、過去からの会話の流れを汲んだやりとりにすることが重要なので、より研究が必要な領域と予想できます。

・AIコメント分析

コミュニティマネージャーはコミュニティメンバーの日々の会話を確認し感情把握を行いますが、人力だとコミュニティの規模が大きくなった時にとても大変です。AIはテキスト分析が得意なので、この領域は有効活用できるでしょう。

・AIクリエイティブ生成

コミュニティ活動の中でファンアートや画像、動画によるコンテンツはとても活気が出ます。ただ、そういったコンテンツを作成できるクリエイタースキルを持った人は多くありませんので、この領域はとても相性がよいでしょう。

この章のまとめ

- □ サクセスジャーニーマップを作成することで、コミュニティの成長ステップを把握可能になる
- □ コミュニティの健康状態は、KPIを日々チェックすることで測る
- □ KOCを醸成するには、コミュニティの中で小さなグループをいくつも作ることや、余白の設計が重要になる
- □ オンボーディングには、ステップチュートリアルを設ける、シンプルなスレッド設計などが有効な施策
- □ アクティブ化には、インセンティブポイントの付与、「Guild VS Guild」イベントなどが有効な施策
- □ ロイヤル化には、限定スレッドの設置、ファンアートの作成などが有効な施策

コミュニティがもたらす未来

ここまで読まれたあなたは、コミュニティをどのように構築・運営していくのか、なんとなくでもイメージがつくようになったのではないでしょうか。本書の最後に、コミュニティがもたらす未来について語っていきましょう。

Section 1

コミュニティがもたらす未来 ～地方創生

2024年4月、まさにこの書籍を執筆している最中に1つの新しいコミュニティが生まれました。

星空保護区に指定されている東京都神津島村が株式会社テレビ朝日と一緒に東京宝島サステナブル・アイランド創造事業の一環として「星空ツナガルコミュニティ」を立ち上げました。弊社（シンセカイテクノロジーズ）がコミュニティ構築を担当しているコミュニティです。

地方創生におけるモデルケースとなるコミュニティ

「星空保護区」とは、光害の影響のない、暗く美しい夜空を保護・保存するための優れた取り組みを称える国際認定制度です。東京都で初めて指定されたのがこの神津島です。

「星空ツナガルコミュニティ」とは、日本中の星空好きとツナガルことを目指し、まずは、ちょっとでも星空好きな人たちとリアルイベントやデジタル上での交流から取り組みます。星空が好きな人・全国の星空関連の事業者・新しい体験や観光に興味がある人たち・もちろん島民とコラボレーションを生み出す共創型のコミュニティを構築していきます。事業共創コミュニティは今後増えていくと予想される**地方創生のモデルケース**になっていくのではないでしょうか。

このコミュニティは2024年9月から本格オープンし、Discordよりもユーザーにとって親しみのあるデザイン、かつ、LINEオープンチャットよりもコミュニティマネジメント機能が豊富な**MURA（ムーラ）コミュニティ**というプラットフォームを利用する予定です。

- **MURAコミュニティ**
  https://service.shinsekai-technologies.co.jp/community.html

MURAコミュニティは、本書の出版タイミングではまだベータ版なので最低限の機能のみではありますが、Web3と呼ばれる新しいデジタルテクノロジーへの対応や、コマース機能の充実といった、今後のコミュニティマーケティングに必要と予想される機能が開発されていく予定です。

コミュニティマーケティングの先にある**コミュニティコマース（コミュニティ内で直接モノを買う経済圏）**の実現に向け、今後各社からさまざまなツールが出てくると予想できます。

本書でご紹介したようなコミュニティ作り・運営のノウハウは使用するコミュニティツールが変わっても同じように使うことのできるノウハウがほとんどですので、ぜひ参考にしてください。

Section 2

コミュニティがもたらす未来 〜インフルエンサーの変化

Chapter1でも述べましたが、近年、InstagramやX（旧Twitter）、YouTubeといったSNSにおいて個人が力を持つ時代になったと言われています。その中で特にフォロワーや登録者が多い人たちは**インフルエンサー**と呼ばれており、彼ら・彼女らは企業のプロモーションをお手伝いしたり自分たちで商品を発売したりすることで、収益を得ています。特にマスメディアの影響が比較的少ないZ世代（学生・若者世代）などに向けたアプローチとして、企業はインフルエンサーを起用することが多くなっています。

しかし同時に、インフルエンサーのサステナブルではない一面も出てきています。たとえば、次のような面です。

- **投稿コンテンツの作成に追われてしまうこと**
- **誹謗中傷にさらされること**

これらによるメンタルヘルスの課題は、無視できないものとなっています。

■投稿コンテンツの作成に追われてしまう

数年前と比較してインフルエンサーも多様化し、流行り廃りのような現象も出てきています。ショート動画の流行から、自分に合った新しいコンテンツ（またはインフルエンサー）がどんどん流れてくるようになりました。

一般消費者としては飽きることなくさまざまなコンテンツに触れられるので楽しさはありますが、インフルエンサーからしたら大変です。次々と現れるインフルエンサーに自分のフォロワーの時間をとられないように、飽きられないようにと、新しいコンテンツを作り続けなければいけません。画像や動画の品質をキープしないと信頼を損ねてしまうため、作り続けると同時に制作コストもかかってしまいます。

■誹謗中傷にさらされてしまう

誹謗中傷についてはSNSのインフルエンサーだけが抱える課題ではなく、社会問題とも言えるでしょう。人々の思想や価値観も多様化しているため、思いもよらぬところから批判の意見が来てしまったり、炎上してしまったりというリスクをどんな人であっても抱えています。

■コミュニティとの組み合わせで課題解決が可能

インフルエンサー×コミュニティというと、2017年頃流行ったオンラインサロンを思い浮かべる人も多いのではないでしょうか。**オンラインサロン**とは、基本的には有料で参加できるコミュニティです。インフルエンサーが中心にあり、インフルエンサーのファンがお金を払って参加します。オンラインサロンは、インフルエンサーだけではなく、インフルエンサーのファンにとっても、限定的なコンテンツが得られたり、運がよければインフルエンサーからコメントがもらえたりといったメリットがあります。

しかし、コミュニティマーケティングの視点からだと一部のファンのみから支持され、**コミュニティの拡大性が少なくなってしまうこと**が懸念として挙げられます。

コミュニティマーケティングにおいて、インフルエンサー×コミュニティの組み合わせで実現できることは、**インフルエンサーが自らコミュニティを立ち上げるオンラインサロン形式ではなく、イチコミュニティメンバーとして参加するような形**です。もちろん発信の強みを活かしてコンテンツを自ら作成し、外に発信をすることもできるでしょう。

たとえば、とある企業が立ち上げた美容系のコミュニティがあったとしましょう。ここにもう少し若い世代が入ってきてほしいという要望がコミュニティの運営方針であったとします。そこで、Z世代に人気のある美容に明るいインフルエンサーに、コミュニティのアンバサダー(P.95参照)として参加してもらいます。当然そのインフルエンサーのファンの流入も期待されますが、これはあくまで、インフルエンサーが中心にいるコミュニティではありません。他のインフルエンサーや、すでにコミュニティにいるKOCと共存することになるため、**インフルエンサーに負担がかかりすぎず、企業にとっても新規ファンを囲い込めるというメリット**があります。

閉ざされたコミュニティでガイドラインもあり、運営メンバーが目を光らせているため、SNSほど厳しい声もないでしょう。インフルエンサーのファンもイチコミュニティメンバーとして共に活動をしていくため、ファンとの新しい関係性も築くことができます。コミュニティの方針によっては、コンテンツ作りをファンと一緒に行うことで双方の負担を減らすような動きもできるでしょう。

オンラインサロンよりもインフルエンサー自身が中心にならないコミュニティは、より**インフルエンサーにとってもサステナブルな場所になる**のではないでしょうか。

Section 3

コミュニティの今後の進化

最後に、今後コミュニティはどう進化していくのかについてお話しします。

コミュニティは今後コマース領域でも、ますます広がりを見せていくでしょう。まず、みなさんはソーシャルコマースという言葉を知っていますか？　ソーシャルコマースとは、SNS（ソーシャルメディア）とEC（イーコマース）を組み合わせた、商品の販売と促進を行うことを意味する言葉です。元々、SNSはECサイトへの集客を目的として使われていましたが、ここ数年は集客から購入まで一貫した流れに結び付けるためのツールへと変化してきました。皆さんも、InstagramやTikTokなどのSNSプラットフォーム上で様々な企業のShopページを開いたことがあるかもしれません。自分が興味のあるブランドやインフルエンサーをフォローしてコンテンツを見るという体験から、彼らが販売する商品を直接購入するといった体験へと進化し、ファンにとっては直接モノを買うことができる嬉しい体験設計ができるようになってきました。

ソーシャルコマースにはいくつかの型があります。上記のSNS型だけでなく、クラウドファンディング型、共同購入型などの種類があり、近年、これまでにはなかった新しいコマース体験が広がっています。特に近年は中国発のソーシャルコマース企業の躍進が著しく、TikTokショップなどを代表とする形で、2027年には海外ソーシャルコマース市場が180兆円にまで成長するとも言われています。あまりの爆発的な成長ぶりに危機感を持ったのか、インドネシアにおいてはSNS型のコマース自体を禁止する動きなども出始めています。なぜ人はソーシャルコマースを通して物を買ってしまうのか？　ここにもコミュニティグロースモデルと同じく、細かな設計が随所に盛り込まれているのです。

例えば、ソーシャルコマースでは友人と一緒に購入することで割引が適用されたり、残り数分以内に買うとさらに割引されたり、各ショップごとに購買意欲を煽ったりする設計を豊富に入れ込むことが可能です。また購入した人のランキングが表示されたり、紹介したインフルエンサーにも報酬が発生したりと、生々しいインセンティブ設計の用意もできます。

ここまでソーシャルコマースの話を読んでいただけると気付かれたと思いますが、これは今後コミュニティ内でも発生していく新しい購入体験（＝コミュニティコマース）の形だと考えています。

コミュニティという、共通の趣味や繋がりを持った居心地の良い空間の中で、シガラミや応援など、人は多様な言い訳をしながらもコミュ活を楽しんでいく未来がすぐ来ると考えています。ファン限定購入ページ、コミュニティ内に友人を招待すると適用されるクーポン、上位購入者ランキングなど、煽りすぎるのは良くはないですが、人は競争があると燃えてしまうものです。このような機能を簡単に導入できるサービスがあれば、やってみたいなと思うマーケティング担当者の方はいるかもしれません。そんなコミュニティコマースの未来を信じ、それらが簡単になるプラットフォームを現在シンセカイテクノロジーズでは開発中です。

余剰にモノが溢れている現代社会ですが、これからは増々イミ消費が強まっていくでしょう。大好きな商品を購入した仲間同士のコミュニティで、追加で商品を買ってしまったりする行動は決して無駄な行為ではなく、当の本人たちにしか通じ合えない喜びの体験なのかもしれません。

■ 最後に

コミュニティには様々な可能性があり、それらはこれまでのWebマーケティングとはまた一線を画したものです。自社のサービス、プロダクトをより良い形で届けていくためにぜひコミュニティを活用してみてください。皆様の課題がコミュニティによって解決されることを祈っています。

この章のまとめ

- □ コミュニティは日本の地方創生においても活用が期待できる
- □ コミュニティは、インフルエンサーが持つ「投稿コンテンツの作成に追われてしまう」「誹謗中傷にさらされてしまう」という問題を改善する手法といえる
- □ コミュニティによる、コミュニティコマース（コミュニティ内で直接モノを買う経済圏）の形成にも注目が集まっている

用語集

アルファベット

AIDMA (Attention・Interest・Desire・Memory・Action) モデル

消費者が商品やサービスを購入するまでを､｢認知｣｢関心｣｢欲求｣｢記憶｣｢行動｣という工程で表したモデル。

AISAS (Attention・Interest・Search・Action・Share) モデル

消費者が商品やサービスを購入し、情報を共有するまでを、｢認知｣｢関心｣｢検索｣｢行動｣｢共有｣という工程で表したモデル。

CLG (Community Led Growth)

コミュニティの力をうまく活用することで事業成長に貢献する考え方。

Cookie

Webサイトがユーザーのブラウザに保存する小さなテキストファイル。ユーザーのログイン情報や閲覧履歴、設定などが保存される。

D2C

消費者直接取引。中間流通業者を通さずに、商品を顧客に直接販売する手法。

DAU (Daily Active Users)

オンラインサービスで1日に1回以上利用や活動があったユーザー数。

Discord

Discord Inc.が運営する、テキストや音声、ビデオのチャットツール。多機能でカスタマイズ性が高いのが特徴。

KGI (Key Goal Indicator)

重要目標達成指標のことであり、ビジネスの最終目標を定量的に評価するための指標。

KOC (Key Opinion Customer)

商品のレビューを行うといった情報の拡散を行う、影響力のある消費者。

KOL (Key Opinion Leader)

特定の分野において高い専門性や影響力を持つ人物。

KPI (Key Performance Indicator)

重要業績評価指標のことであり、組織の目標を達成するための重要な業績評価の指標。

MAU (Monthly Active Users)

オンラインサービスで月に1回以上利用や活動があったユーザー数。

SIPS (Sympathize・Identify・Perticipate・Share/Spread) モデル

消費者が商品やサービスに関して参加し、共有・拡散するまでを、「共感」「確認」「参加」「共有・拡散」という工程で表したモデル。

UGC (User Generated Contents)

一般ユーザーが自身で作成し、SNSなどに投稿するコンテンツのこと。文章、写真、動画などコンテンツ全般を指す。

カナ

アルゴリズム

ある目的を達成するための一連の手順のこと。たとえばSNSのタイムラインで優先的に表示されるコンテンツの順番は、SNSが持つアルゴリズムによって決定される。

アンバサダー

集客やコミュニティメンバーの定着を担う人物。

アンバサダーファネル

新たな顧客を創造する顧客行動の変化の段階。

イミ消費

商品の機能性だけでなく、購入後の体験を意識した消費行動。

インサイト

SNSのエンゲージメントやリーチ数など、マーケティング戦略に役立つ指標のこと。

インフルエンサー

SNSのフォロワー数や登録者数を多く抱え、影響力が大きい人物。

エンゲージメント

SNSの投稿に対する反応の熱量。

オンラインサロン

インフルエンサーなどが主催しており、インフルエンサーのファンがお金を払って参加するコミュニティ。

コミュニティ

マーケティングにおいては、企業や商品、サービスを軸に集まった顧客同士をつなげる、オンラインコミュニティ。

潜在顧客

商品やサービスを認知していないか、まだ強い興味を持っていない顧客。

低関与商材

性能や品質にあまり差がない商材のこと。低価格の商品が多く、歯ブラシ、スナック菓子、飲料などが該当する。

パーチェスファネル

顧客が商品を認知し、購入するまでの一般的な心理変化の段階。

ハイライト

コミュニティにおけるハイライトとは、過去のリアル／オンラインイベントなどを見られる記事や一覧のこと。

ファネル

潜在顧客が、商品やサービスを認知してから購入するまでのステップ。

ファンダム

根強いファン集団のこと。

リーチ数

SNSの投稿や広告の閲覧数。

リファラルキャンペーン

既存の顧客から友人などに商品を紹介してもらい、購入した際はインセンティブ（特典）を付与する施策。

ロイヤル化

企業やブランド、商品に対して愛着を抱きファン化した状態。

■ 株式会社SHINSEKAI Technologies
(https://shinsekai-technologies.co.jp/)

「コミュニティの力でビジネスを加速させる」をミッションに、企業や個人のコミュニティ設計・支援を行う企業。「コミュニティ設計」「コミュニティマネジメント体制構築」「コミュニティマーケティング」などをワンストップで提供するサービス「MURA」を支援しています。また国内最大級のコミュニティマネージャー人材ネットワーク「nest」を通じて、コミュニティ立ち上げに挑戦する個人をエンパワーしています。

■ 大社 武

新卒で株式会社サイバーエージェントに入社し、子会社の取締役を経て独立。株式会社TORIHADAを創業し、インフルエンサーマーケティング事業で国内トップシェアの業績を実現。退任後、コミュニティマーケティング領域の需要の高まりに合わせて、株式会社SHINSEKAI Technologiesを創業。コミュニティマネジメントプラットフォームの開発を進める。

■ 岡崎 智樹

アクセンチュア社に入社後、証券領域やアウトソーシング事業のコンサルタントとしてキャリアを積む。国内有数のNFTプロジェクトのコミュニティマネージャーやアドバイザーを経て、2023年に株式会社SHINSEKAI TechnologiesのCSOに就任。実務経験を活かしコミュニティ運営のモデル開発や事業構築に従事。その後CSOへと役目を変え、全社戦略構築やコミュニティマネジメントプラットフォームの事業統括を担う。

Staff List

カバーデザイン	三森健太（JUNGLE）
本文デザイン	風間篤士（リブロワークス）
イラスト	星野グミコ
編集協力	リブロワークス
執筆協力	土屋 沙也加（シンセカイテクノロジーズ）
PR	伊藤弥生、川副由紀（シンセカイテクノロジーズ）
校正	文字工房燦光
編集	遠藤優華子（KADOKAWA）

もうバズらなくてもいい
新時代のSNSコミュニティの教科書

2024年7月2日　初版発行

共　著　大社 武／岡崎 智樹
発行者　山下 直久
発　行　株式会社KADOKAWA
〒102-8177　東京都千代田区富士見2-13-3
電話0570-002-301（ナビダイヤル）
印刷所　TOPPANクロレ株式会社
製本所　TOPPANクロレ株式会社

●お問い合わせ
https://www.kadokawa.co.jp/（「お問い合わせ」へお進みください）
※内容によっては、お答えできない場合があります。
※サポートは日本国内のみとさせていただきます。
※Japanese text only

定価はカバーに表示してあります。

ISBN 978-4-04-606792-0 C0030